Quand les premiers vrais arbres sont-ils apparus ?
p. 14

Remerciements
À Damien et Mila, Roxane et Tommy, les écolos de demain.
À Romuald et Marie-Jo, pour leur patiente collaboration.
À Robert Wolf, sans qui ce livre n'aurait jamais vu le jour.

Éditions Milan
300, rue Léon-Joulin 31101 Toulouse Cedex 9 – France.

Loi 49-956 du 16 juillet 1949 sur les publications destinées à la jeunesse.
ISBN : 978-2-7459-6767-1

Cet ouvrage a été réalisé par les Éditions Milan.
Création graphique de l'intérieur : Bruno Douin
Création graphique de la couverture : Jean-François Saada
Mise en page : Sandrine David
Relecture et correction : Laurent Palet, Karine Forest et Alexandra Dirand
Photogravure : MPP

Dépôt légal : 1er trimestre 2014
Imprimé en Chine

COPAIN de la PLANÈTE

Hélène et Robert Pince

Illustrations de Christine Ponchon,
Laurence Bar, Corinne Delétraz, Anne Eydoux,
Georges Rivière, Pascal Robin, Christian Verdun.

MILAN

9 Le passé de la Terre

31 La planète bleue

57 Le vaisseau de la vie

79 Au rythme des saisons

91 Cités et machines

Sommaire

Bonne balade autour de la planète !

Le grand canyon du Colorado, en Arizona, a commencé à se creuser il y a 65 millions d'années.

Le passé de

la Terre

L'histoire longue et agitée de la Terre et de ses habitants montre que la vie ne s'est pas contentée de subir passivement les changements du milieu, qu'ils soient progressifs ou catastrophiques. La vie a très tôt modifié profondément la planète.

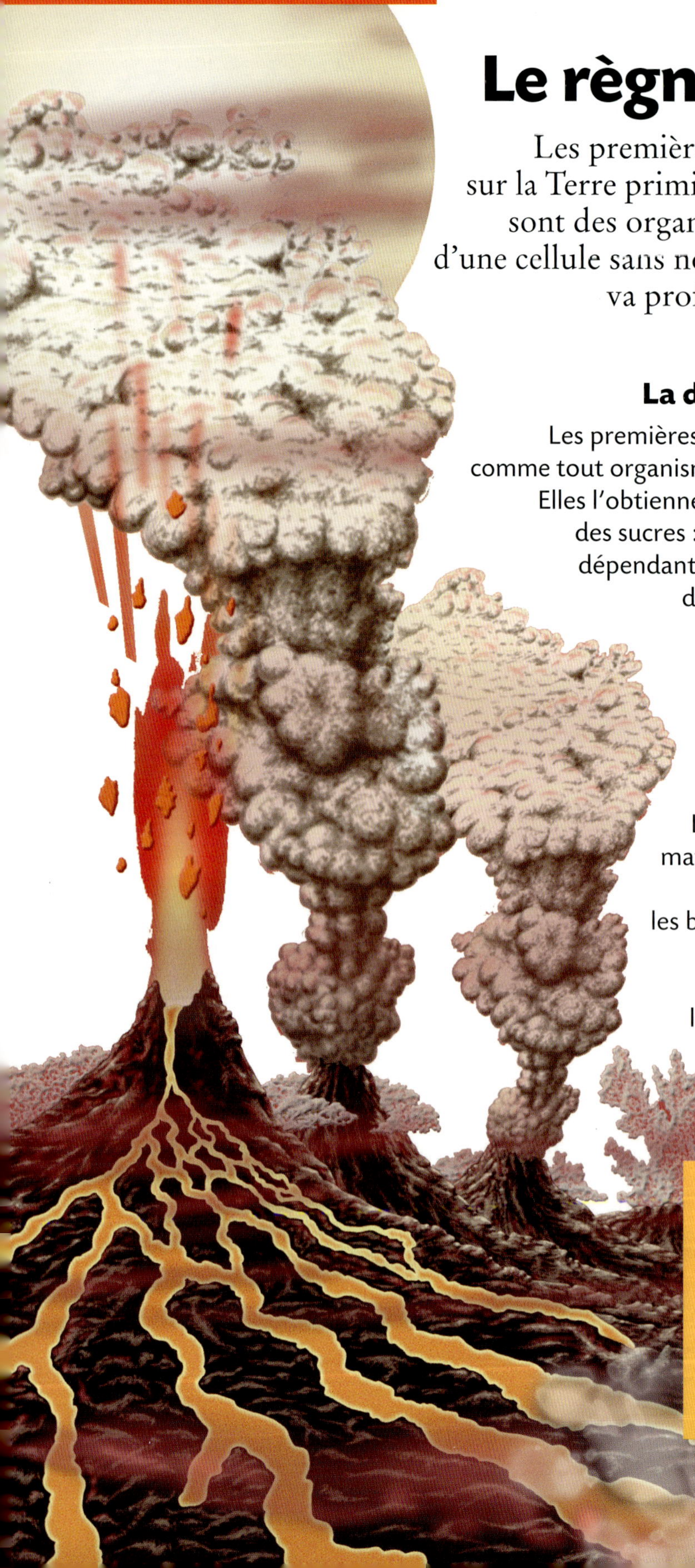

Le règne des bactéries

Les premières formes de vie apparues très tôt sur la Terre primitive (il y a 3,8 milliards d'années) sont des organismes microscopiques constitués d'une cellule sans noyau, les bactéries. Leur présence va profondément transformer la surface et l'atmosphère de la planète.

La dure vie des premières bactéries

Les premières bactéries apparues sur Terre ont besoin, comme tout organisme, d'énergie pour vivre et se reproduire. Elles l'obtiennent grâce à un procédé de décomposition des sucres : la fermentation. Ces bactéries sont donc dépendantes de la présence de glucose, de fructose, de cellulose ou d'amidon dans le milieu où elles se développent : si ces éléments viennent à disparaître, c'est la fin.

Le Soleil, un danger mortel

Le Soleil représente un danger mortel pour ces premiers occupants de la Terre. La lumière solaire a tendance à briser leur matériel héréditaire (ADN), qui conditionne leur reproduction. Seules survivent les bactéries qui restent dans l'eau ou la boue et échappent ainsi à l'exposition solaire. D'autres types de bactéries, les méthanogènes, produisent de grandes quantités de méthane et règnent sur les deux premiers milliards d'années de l'histoire de la vie.

Toujours présentes

Descendant des premières bactéries, présentes sur Terre, les bactéries fermentatives subsistent encore aujourd'hui partout où des substances peuvent fermenter et où l'eau et l'oxygène sont rares : dans les marais, les boues des lacs, les trous d'eau de mer alimentés par la marée... et l'intestin des animaux.

Réalise une fermentation alcoolique

- 1 kg de raisin
- 1 récipient, 1 bougie

1. Écrase le raisin. Dans le liquide obtenu, laisse les peaux des grains, qui sont recouvertes d'une pellicule blanchâtre de micro-organismes (des levures). Allume la bougie.

2. Maintiens le récipient entre 20 et 30 °C. Au bout de 2 heures, un dégagement de bulles indique la formation d'un gaz qui éteint la bougie : le dioxyde de carbone.
La fermentation a aussi pour effet d'élever la température et de transformer les sucres en alcool.

Bactéries sulfureuses

De nouvelles bactéries apparaissent ensuite, qui apprivoisent la lumière de différentes manières : en se glissant sous le sable, qui absorbe les UV et laisse passer la lumière visible, en acquérant des pigments (sorte de bronzage qui les protège du Soleil), ou encore en développant des mécanismes de réparation de leur ADN endommagé. Ces bactéries sulfureuses utilisent la lumière du Soleil pour obtenir de l'énergie et du soufre à partir de l'hydrogène sulfuré, très abondant dans l'atmosphère ancienne de la Terre : c'est une forme de photosynthèse. Ces bactéries vont peu à peu épuiser tout l'hydrogène sulfuré disponible.

Le secret de l'éternité

Il y a 2,3 milliards d'années apparaissent les premières cyanobactéries (ou algues bleues) qui réalisent leur photosynthèse avec une autre source d'hydrogène, quasi illimitée sur Terre : l'eau ! Cette photosynthèse « nouvelle » permet d'obtenir de l'oxygène, de la matière organique et de l'énergie à partir d'eau et de dioxyde de carbone. Les cyanobactéries se développent alors massivement dans tous les milieux et libèrent de l'oxygène en quantité très importante.

Paysage probable de la Terre il y a 2 milliards d'années : une brume rougeâtre, due à l'activité des bactéries méthanogènes, recouvre la terre et les océans.

Les algues bleues et l'oxygène

La libération d'oxygène par les bactéries va modifier à jamais le devenir de la Terre et de ses occupants.

L'arrivée de l'oxygène

Les cyanobactéries (ou algues bleues) libèrent par photosynthèse de l'oxygène, un gaz très réactif et agressif. Pendant des dizaines de millions d'années, l'oxygène rejeté par les cyanobactéries se combine rapidement aux gaz de l'atmosphère, comme l'hydrogène, ou avec des composants métalliques, comme le fer : la Terre se met alors à « rouiller ». Mais lorsque toutes les substances pouvant réagir avec l'oxygène sont épuisées, celui-ci s'accumule dans l'atmosphère.

Stromatolithes

Les stromatolithes (du grec *stroma* : « tapis », et *lithos* : « pierre ») sont des constructions calcaires formées par des cyanobactéries dans les eaux marines chaudes.

Des amas de cyanobactéries fabriquant des stromatolithes survivent sur quelques sites de la Terre, comme ici à Shark Bay, en Australie.

Un bouleversement planétaire

Il y a 2 milliards d'années, la teneur de l'atmosphère en oxygène commence à monter : elle passe de 0,000 01 % (quantité négligeable) à 21 % ! Cette augmentation progressive constitue la plus grande crise de l'environnement qu'ait jamais connue la Terre : de nombreuses espèces de bactéries meurent. En effet, exposés à la lumière et à l'oxygène, les organismes inadaptés sont détruits.

Lorsque l'oxygène est apparu sur Terre, il a réagi avec le fer, formant des oxydes de fer responsables de la couleur rouge de certains sols.

La réaction du vivant

Pour survivre, la seule réaction possible des communautés bactériennes (et elle s'observe encore actuellement en cas de stress) est d'augmenter la « sexualité » entre individus : les échanges de gènes fournissent de plus grandes possibilités d'adaptation à un nouvel environnement. De nouvelles bactéries résistantes à l'oxygène apparaissent alors et se multiplient, remplaçant celles qui ne le supportent pas.

« Sexualité » des bactéries

Les bactéries échangent entre elles des matériaux génétiques nommés plasmides, qui leur permettent de s'adapter aux variations de leur environnement. C'est ainsi qu'une bactérie résistante à un antibiotique peut transmettre cette capacité à une autre qui en était dépourvue.

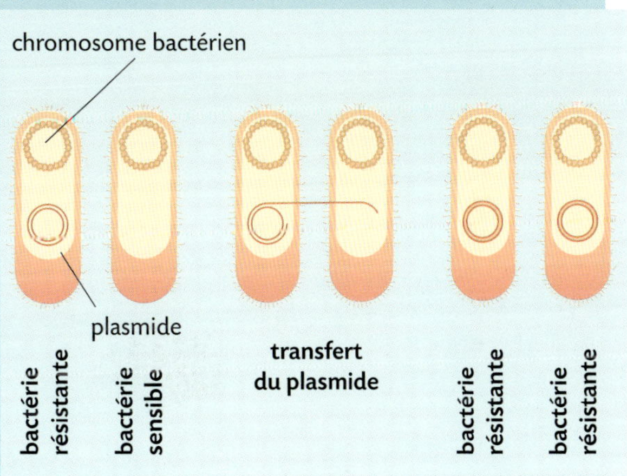

L'invention de la respiration

Certaines cyanobactéries mutantes inventent alors la respiration. C'est un moyen ingénieux pour canaliser la très forte instabilité de l'oxygène et en tirer beaucoup d'énergie. En effet, la fermentation aboutit, à partir d'une molécule de sucre décomposée, à deux molécules d'énergie appelées ATP (adénosine triphosphate). À partir de la décomposition de ce même sucre, la respiration permet d'obtenir 36 molécules d'ATP ! La communauté des cyanobactéries dispose d'une part de la photosynthèse qui produit de l'oxygène, d'autre part de la respiration qui en consomme !

Le bouclier d'ozone

Quand la quantité d'oxygène dans l'atmosphère a été suffisante, un bouclier d'ozone (O_3) s'est formé par action du Soleil sur l'oxygène stratosphérique ; ce bouclier protège la Terre des ultraviolets. Cette protection permettra, bien plus tard, aux plantes puis aux animaux de sortir de l'eau et de rejoindre la terre ferme.

La conquête des plantes

Il nous est difficile d'imaginer la planète telle qu'elle était, avant la conquête de la terre ferme par les plantes : pas d'humus, et uniquement des roches nues.

Sortie de l'eau

Il y a 430 millions d'années, la couche d'ozone est assez dense pour protéger les êtres vivants de l'agression des UV. Cette période correspond à un assèchement global. La mer recule et, sur le littoral, les algues vertes qui se retrouvent piégées dans des mares ou des lagunes survivent. La véritable première plante munie de vaisseaux, *Cooksonia*, apparaît il y a 420 millions d'années : cette plante dressée (contrairement aux algues vertes) de 5 cm de haut, est terminée par une fourche à deux dents. C'est donc une tige qui ne comporte ni racines ni feuilles. La photosynthèse s'effectue à l'intérieur de celle-ci.

De très vieilles graines

Certaines graines conservent leur capacité de vie durant de nombreuses années. On a ainsi retrouvé des graines de lotus qui ont germé après 1 000 ans d'attente ! On connaît même des graines de lupin vieilles de 10 000 ans qui ont réussi à germer !

Terre nue, il y a 500 millions d'années.

Première plante dressée, *Cooksonia* apparaît il y a 420 millions d'années.

Les plantes à fleurs

Il y a 100 millions d'années, lorsque les plantes à fleurs apparaissent dans les régions tropicales, le pollen était transporté par le vent. Ces plantes vont utiliser un nouveau moyen de transport : les insectes. Ils viennent butiner le nectar des fleurs et se frottent alors contre le pollen qui se fixe sur leurs poils. Chargé de pollen, l'insecte, en butinant d'autres fleurs, permet leur fécondation. Autre particularité des plantes à fleurs : la dispersion de leurs graines. Consommées puis digérées par des insectes, des oiseaux ou d'autres animaux, elles sont dispersées dans la nature, contrairement aux graines des conifères qui tombent sur place, au pied de l'arbre.

La conquête de la terre

Les plantes développent ensuite des feuilles, ce qui augmente considérablement leur surface d'échange : la photosynthèse s'effectue de manière plus efficace à l'intérieur des feuilles. Les plantes multiplient également le nombre de vaisseaux présents dans la tige, permettant l'absorption d'une plus grande quantité d'eau. La compétition pour la lumière les pousse à grandir de plus en plus. La terre se couvre alors de végétation. Il y a 380 millions d'années apparaissent les vrais arbres : prêles, lycopodes et fougères géantes, tous aujourd'hui disparus.

Les premiers vrais arbres (prêles, lycopodes et fougères géantes) datent de 380 millions d'années.

Une forêt de conifères, les « inventeurs de la graine », il y a 280 millions d'années.

Les conifères inventent la graine

Au permien (– 280 millions d'années), la Terre se refroidit énormément, et les écosystèmes sont pris dans les glaces. Les espèces dont les spermatozoïdes « nagent » ne se reproduisent plus. Les prêles et les lycopodes disparaissent. Or, les conifères ont mis au point un spermatozoïde qui n'a plus besoin d'eau mais se déplace avec le vent : le pollen. Ce qui va leur permettre de fabriquer une graine naturellement résistante. Car la graine est un ovule fécondé capable de stopper sa croissance et de passer à un état de vie ralentie, le temps que les conditions redeviennent favorables à sa germination. C'est probablement ce qui explique la domination de la Terre par les conifères durant toute cette période.

L'ère des poissons

Après la carapace et la coquille, l'évolution « invente » la colonne vertébrale chez les poissons. Beaucoup vont coloniser la mer et d'autres, partir à la conquête de la terre déjà occupée par les plantes.

Premiers vertébrés

Le premier poisson connu date de l'ordovicien : *Astraspis*. Il mesure 10 cm de long et ne possède ni mâchoires (il est dit « agnathe ») ni nageoires ! Il est couvert de grandes plaques osseuses ovales sur le dos et sur le ventre qui le protègent des prédateurs. Il nage près du fond et se nourrit en aspirant l'eau. Les seuls représentants actuels des agnathes sont les lamproies et les myxines. Elles ont une bouche en ventouse et se nourrissent en s'attaquant au flanc des poissons. Elles rongent leur chair.

La lamproie, un poisson sans mâchoires, suce et ronge la chair de ses proies.

Apparition de la mâchoire

Au dévonien, un groupe de poissons, les placodermes, développent des mâchoires à partir des arcs branchiaux. Ces arcs, des structures osseuses, permettent d'ouvrir plus largement les fentes branchiales : le poisson peut capter plus d'eau et donc plus d'oxygène. C'est un de ces arcs qui migre vers l'avant et donne naissance à une mâchoire articulée. Cette importante innovation permet aux placodermes d'attraper et de maintenir leur proie en la consommant. Certains placodermes atteignent de grandes tailles (10 mètres) et sont certainement les prédateurs les plus redoutables du dévonien. Mais aucun n'a survécu à cette période.

***Astraspis*, un des poissons les plus anciens : il n'a pas de mâchoires, sa tête et son corps sont enveloppés dans un épais bouclier osseux, et il nage grâce à des battements latéraux de sa queue.**

Le cœlacanthe, un crossoptérygien, possède quatre nageoires articulées.

Les poissons cartilagineux

Ils se développent au dévonien. Le squelette de ces poissons est constitué d'une substance ferme et flexible : le cartilage. Leur peau est dépourvue de carapace. De nouvelles nageoires apparaissent, qui contribuent à leur équilibre pendant la nage. Les poissons cartilagineux sont représentés par les requins, les raies et les chimères. La plupart sont des prédateurs, mais d'autres, comme le requin baleine, se nourrissent uniquement de plancton.

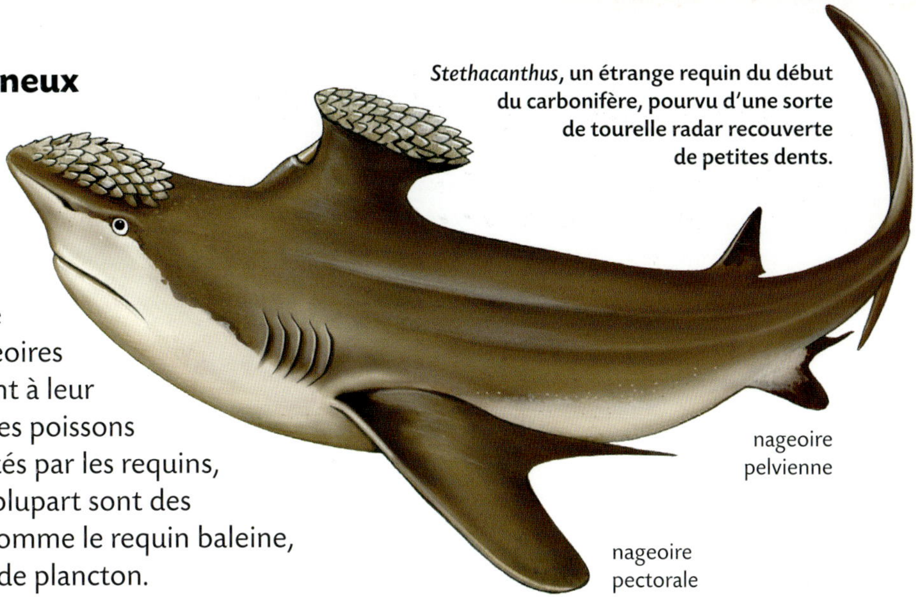

Stethacanthus, un étrange requin du début du carbonifère, pourvu d'une sorte de tourelle radar recouverte de petites dents.

De –488 à –299 millions d'années

Ordovicien : de – 488 à – 443 millions d'années (Ma)
Dévonien : de – 416 à – 359 Ma
Carbonifère : de – 359 à – 299 Ma

Les dipneustes sont des poissons capables de sortir de l'eau et de survivre dans la boue.

Des nageoires articulées

Certains poissons osseux – les dipneustes – sont capables de s'adapter à des conditions difficiles en sortant de l'eau. Ils arrivent à survivre dans la boue pendant trois ans ! Mais, leurs nageoires non articulées ne leur permettent que des mouvements désordonnés lorsqu'ils se retrouvent à terre. Les crossoptérygiens, eux, possèdent des nageoires articulées grâce auxquelles, ils peuvent se mouvoir plus aisément et peut-être s'ancrer au sol dans des eaux peu profondes.

Les poissons osseux

Les poissons osseux se sont différenciés en eau douce. L'oxygène y est souvent peu abondant, et les premiers poissons osseux ont développé des poches ressemblant à des poumons pour compléter l'action des branchies et ainsi mieux respirer. Chez la plupart des poissons, cet organe, appelé « vessie natatoire », permet de maintenir la position et de déterminer la profondeur à laquelle ils se situent (en réglant la quantité de gaz présente dans la vessie), ce qui constitue un avantage. Les poissons osseux ont donc reconquis les mers et connu une extrême diversification : ce sont les poissons les plus nombreux (thon, sardine...).

Une cellule d'*Emiliania huxleyi* recouverte de coccolithes (1/100 de mm).

Minuscule *Emiliania*

Emiliania huxleyi est une algue unicellulaire microscopique vivant dans les océans. Malgré sa petite taille et sa simplicité apparente, ellc est capable d'influencer profondément le fonctionnement de la planète.

Toujours en groupe

Emiliania, qui fait partie du plancton, flotte à la surface de la mer et utilise l'énergie lumineuse du Soleil pour se développer grâce à la photosynthèse. Quand les conditions sont favorables, cette algue peut se multiplier de façon explosive et former des floraisons géantes de plusieurs milliers de kilomètres carrés que l'on peut observer depuis un satellite. Lorsqu'elles meurent, les cellules de ces ensembles coulent pour atteindre les fonds océaniques. Elles s'y accumulent et forment ainsi le plus grand puits de calcaire de la planète.

Une algue qui fabrique du calcaire

Sous sa forme habituelle, le calcaire possède une structure particulière : ses cristaux se présentent sous forme de losanges. *Emiliania*, elle, fabrique des cristaux de calcaire en forme d'écailles ovales : les coccolithes.

Floraison géante d'*Emiliania huxleyi* à l'ouest de la Bretagne, vue depuis un satellite.

En plein soleil, *Emiliania* produit beaucoup de DMS.

Lorsque les nuages apparaissent, *Emiliania* rejette moins de DMS.

Ce faisant, les nuages se dissipent et la température remonte...

La température de l'océan

Lorsque l'ensoleillement est fort, une floraison d'*Emiliania* rejette dans son environnement d'importantes quantités d'un gaz : le diméthylsulfure (DMS). Celui-ci est transformé par le Soleil en acide sulfurique, entraînant la formation (par condensation des gouttes d'eau) de nuages au-dessus de l'océan. Ces nuages empêchent le rayonnement solaire d'atteindre la surface de l'eau, provoquant ainsi son refroidissement. Cette algue a un rôle dans la régulation de la température de l'océan.

Le climat de la Terre

Présente dans tous les océans de la Terre, *Emiliania* a une action sur le climat. Elle puise du carbone dans son environnement pour former son squelette calcaire : en fixant le CO_2 elle diminue donc l'effet de serre. Mais les coccolithes accumulées sur les fonds océaniques et entraînées vers le manteau terrestre sont chauffées à très haute température et enrichissent en carbone les laves volcaniques. Ce carbone, restitué à l'atmosphère sous forme de CO_2, augmente l'effet de serre.

Falaise d'Étretat : le calcaire déposé par *Emiliania* pendant des centaines de millions d'années.

Sortir de l'eau

Quelques millions d'années après les plantes, les animaux s'aventurent hors de l'eau. Les amphibiens puis les reptiles vont investir la terre ferme.

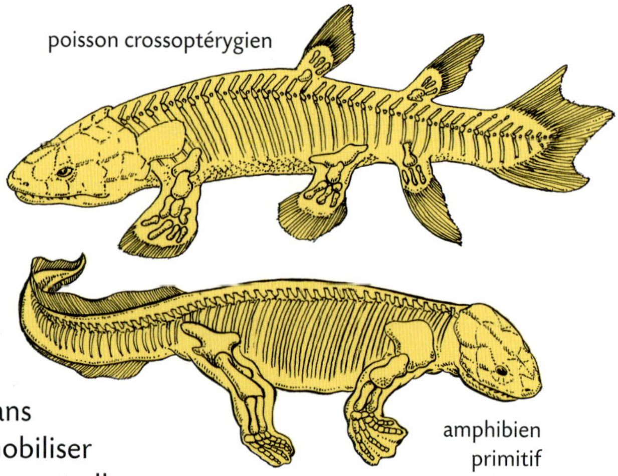

Des pattes issues des nageoires : un faible développement des nageoires articulées transforme un poisson crossoptérygien en amphibien primitif.

La création des pattes

Les premiers tétrapodes (animaux possédant quatre membres) sont aquatiques. À quoi des pattes peuvent-elles servir dans l'eau ? On pense qu'elles servaient à ancrer l'animal dans une eau boueuse, lui permettant ainsi de s'immobiliser pour guetter ses proies. Peut-être aussi les pattes ont-elles remplacé les nageoires anales et dorsales afin de garantir un meilleur équilibre dans l'eau. Ce n'est que quelques millions d'années plus tard que les pattes assureront la locomotion sur la terre ferme.

Transformation

Un des premiers amphibiens, *Ichthyostega*, vivait au Groenland à la fin du dévonien. Il mesure 1 mètre de long, possède quatre membres, et une queue en forme de nageoire.

La sortie de l'eau des amphibiens

Pourquoi sortir de l'eau ? Pour trouver de nouvelles ressources – végétaux, petits insectes – et peut-être pour échapper aux prédateurs marins. Mais se retrouver sur terre n'est pas simple : il faut extraire l'oxygène de l'air, lutter contre le dessèchement et soutenir le poids du corps (lequel flottait dans l'eau). À la fin du dévonien, *Ichthyostega* est l'un des premiers tétrapodes à tenter cette aventure. Il possède des poumons et sept doigts à chaque patte ! À partir de ce moment, les amphibiens se répandent largement sur terre, mais restent dépendants de l'eau pour leur reproduction : c'est dans l'eau que les œufs sont pondus et fécondés avant de se transformer en têtards qui ne rejoindront la terre qu'à l'âge adulte.

Dimetrodon capte la chaleur du soleil grâce à son importante « voilure ».

L'œuf des reptiles

Au début du carbonifère, les reptiles apparaissent et « inventent » l'œuf. Cela leur permettra de conquérir la terre : ils n'auront plus besoin d'eau pour assurer leur reproduction. En effet, l'œuf est un système complet qui contient l'embryon, le sac vitellin et l'allantoïde. L'embryon puise sa nourriture dans le sac vitellin et rejette les déchets dans l'allantoïde. La coquille retient les liquides et laisse passer les gaz nécessaires à sa respiration. Ainsi, les reptiles peuvent se reproduire à terre, où ils pondent leurs œufs, et le jeune reptile, à la sortie de l'œuf, est petit mais déjà formé comme un adulte : il n'a plus qu'à grandir.

L'œuf amniotique

Dans l'œuf amniotique, l'embryon est protégé par trois membranes, l'amnios, le chorion et la membrane allantoïque. Le sac vitellin fournit à l'embryon une grande quantité de nourriture.

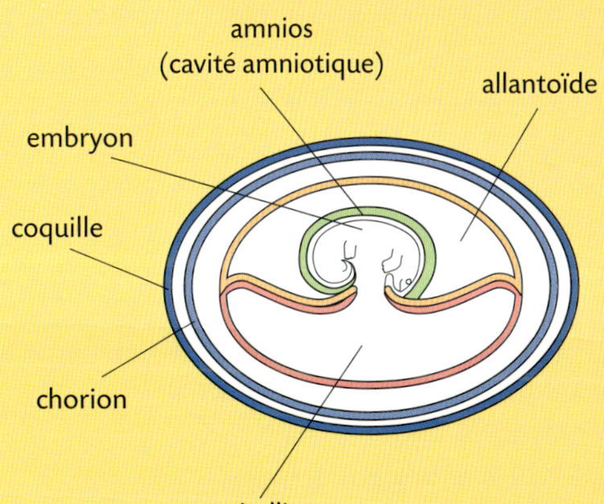

Sang chaud, sang froid

La température interne des reptiles n'est pas constante comme celle des mammifères, mais varie en fonction de leur environnement. Quand il fait froid, ils sont engourdis et peu actifs ; leur dynamisme revient par temps chaud. Un reptile comme *Dimetrodon* (pesant 250 kg) a développé une « voilure ». On pense que cette grande surface de peau exposée au soleil lui permettait d'augmenter rapidement sa température interne. Il a été estimé que 3 heures suffisaient pour augmenter sa température de 5 °C, alors qu'il lui en aurait fallu 12 sans voilure !

Le règne des dinosaures

Après de timides débuts, les dinosaures connaissent un succès extraordinaire, certains atteignant des tailles incroyables. Ils vont régner 150 millions d'années sur la Terre.

Des dinosaures herbivores de grande taille ont occupé la Terre pendant des millions d'années.

Les reptiles toujours présents

Bien que les reptiles soient très touchés par l'extinction massive de la fin du permien, certains, comme les reptiles cynodontes, apparaissent à cette période. Ils vont dominer la faune jusqu'au milieu du trias, et sont représentés par de nombreuses formes de carnivores et d'herbivores...

Ces reptiles sont dotés d'un palais secondaire rigide qui sépare la bouche des conduits nasaux et leur permet ainsi de respirer et manger en même temps. Ce qui n'est pas le cas pour les autres reptiles, qui doivent manger en apnée.

La posture particulière des archosauriens

Les archosauriens apparaissent aussi à la fin du permien. Le premier archosaurien connu est *Proterosuchus* : il mesure 1 mètre de long et marche sur des membres étalés, comme un lézard. Au milieu du trias, les archosauriens se divisent en deux lignées : les ornithodires (ptérosaures, dinosaures et ultérieurement oiseaux) et les crocodilotarciens (ancêtres des crocodiles) et évoluent notamment au niveau de la posture. La plupart des reptiles marchant sur les membres écartés, les articulations sont soumises à rude épreuve et doivent résister à la tendance à plier. C'est comme si ces animaux faisaient ce que l'on nomme en gymnastique des « pompes » pour pouvoir se déplacer ! Les archosauriens, eux, acquièrent une posture érigée ou semi-érigée : leurs membres sont placés verticalement sous le corps, le poids est directement transmis par les membres jusqu'au sol. La locomotion est ainsi plus facile et bien plus efficace !

La suprématie des dinosaures

Il y a 220 millions d'années, la majorité des reptiles disparaît. Les causes de cette extinction massive sont certainement liées à d'importantes modifications climatiques. En effet, au début du trias, le climat est chaud et humide ; au milieu de cette période il devient sec, voire semi-désertique. Les dinosaures, se déplaçant plus facilement que les reptiles, peuvent se procurer une végétation qui s'est raréfiée ; de plus, ils peuvent atteindre celle qui est située en hauteur, inaccessible aux reptiles. La disparition de ces derniers crée un vide que les dinosaures vont s'empresser de combler, pour devenir les animaux dominants des 150 millions d'années suivantes !

La fin des dinosaures

Les dinosaures se sont éteints brusquement, il y a 65 millions d'années. La chute d'une météorite couplée à un volcanisme extrêmement violent ont entraîné des incendies et le soulèvement dans l'atmosphère de particules qui ont très longtemps obscurci le ciel. Baisse de la température et diminution de la luminosité ont pour conséquence l'arrêt de la photosynthèse : les dinosaures herbivores sont morts les premiers de faim et de froid puis, faute de proies, les carnivores se sont à leur tour éteints.

Les climats de la Terre

Au précambien, toute la planète est gelée.

Le climat de la Terre a fortement changé au cours de sa longue histoire. Des phases glaciaires, dont certaines ont transformé notre planète en « boule de neige », ont alterné avec des périodes interglaciaires beaucoup plus chaudes.

La Terre « boule de neige »

Au précambien, la Terre est semble-t-il presque totalement prise par les glaces, à plusieurs reprises. Un froid terrible s'installe alors, et la glace gagne du terrain. Les surfaces très claires – comme la glace – réfléchissent plus la lumière solaire que les autres, ce qui entraîne un refroidissement supplémentaire de la planète, lequel entretient à son tour la progression des glaces. Le phénomène s'amplifie et toute la planète gèle. Dès lors, la photosynthèse s'arrête, l'absorption du CO_2 par les êtres vivants ne s'effectue plus et l'océan s'appauvrit en oxygène.

L'effet Milankovitch

On observe de très grands cycles glaciaires d'une durée d'environ 100 000 ans, suivis de 10 000 ans d'âge interglaciaire. Ces phases sont en partie liées à la manière dont la Terre tourne sur elle-même et autour du Soleil. En effet, les variations de l'orbite et de l'inclinaison de la Terre dans son mouvement autour du Soleil provoquent des variations périodiques de la chaleur reçue par la surface, qui seraient à l'origine des phases glaciaires et interglaciaires. C'est ce que l'on appelle l'effet Milankovitch.

Séracs du glacier Moreno, dans le parc national des Glaciers (Argentine).

Les phases interglaciaires

James Lovelock, un scientifique anglais, examine les événements d'un point de vue autre que celui de l'homme. Il pense ainsi que les ères glaciaires représenteraient l'état normal d'une planète d'âge moyen en bonne santé, et que les brèves périodes de chaleur seraient l'expression d'un état maladif, de « fièvre ». Car pendant 3,8 milliards d'années, la vie a maintenu une température « confortable », malgré le réchauffement du Soleil, en absorbant le CO_2 (et donc en diminuant l'effet de serre).

Les prêles géantes au temps du carbonifère.

Fabrique une toupie

Comprends avec cette toupie les changements de climat sur la Terre.

- **1 rondelle de liège de 1 cm d'épaisseur**
- **1 pique à cocktail**

1. Transperce une rondelle de liège avec une pique à cocktail coupée en deux.

2. Fais tourner la toupie et observe-la attentivement : son axe fait des cercles de plus en plus grands. Ce mouvement s'appelle la précession.

3. La toupie représente la Terre qui tourne sur son axe tout en se déplaçant autour du Soleil.

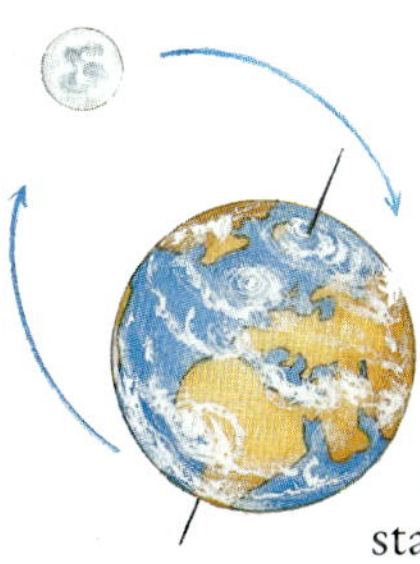

Quand la Terre en fait de même, elle penche son axe vers le Soleil, d'un côté ou de l'autre, et cela change le climat. Heureusement, les changements sont beaucoup moins importants sur Terre qu'avec la toupie : la Terre ne subit pas de frottements et elle est stabilisée par la présence de la Lune.

La santé par le froid

Ces dernières dizaines de millions d'années, le rayonnement solaire a atteint un niveau tel que le maintien d'une température « normale » exige une absorption encore plus importante de CO_2. C'est pourquoi la Terre est beaucoup plus froide qu'au carbonifère : en période de glaciation, le niveau de la mer diminue d'une centaine de mètres, ce qui dégage une surface émergée de la taille de l'Afrique, rapidement conquise par les plantes. Il en résulte une diminution de l'effet de serre et donc de la température de la Terre. Malheureusement, le rejet de CO_2 lié à l'utilisation des combustibles fossiles par les hommes contrecarre l'extraction du CO_2 menée par les autres êtres vivants.

Le foisonnement des espèces

Toutes les espèces qui habitent la Terre sont étroitement liées entre elles. Chacune a sa place au sein de la biosphère et joue un rôle primordial dans une ou plusieurs chaînes alimentaires.

Moro-sphynx butinant une fleur.

Une invasion de bouses

L'introduction, à la fin du XVIIIe siècle, de vaches en Australie a provoqué une catastrophe. En effet, les insectes bousiers d'Australie étaient adaptés aux excréments de kangourous mais pas aux bouses de vaches. Résultat : les bouses, privées de recycleurs, ont recouvert les prairies. Il fallut donc importer des bousiers européens pour rétablir la situation !

Les premières Terriennes

Les bactéries font peur car on les tient pour responsables de bien des maladies. N'oublions pourtant pas que sans les bactéries, il n'y aurait pas de vie sur Terre ! En effet, en favorisant l'exploitation de l'énergie solaire grâce à la photosynthèse, elles sont à l'origine de la richesse en oxygène de notre atmosphère. De plus, certaines bactéries (les clostridies et les azobacters) fixent l'azote de l'air, constituant essentiel de toute vie, et le rendent assimilable par les plantes. Sans ces bactéries, les plantes, et donc aucun organisme supérieur, ne pourraient survivre !

Des insectes et des plantes

Les insectes représentent le groupe le plus important du vivant. Certains exemples d'interactions des plantes avec les insectes montrent la finesse des relations qui peuvent exister entre les êtres vivants. Ainsi, on sait que certains plants de maïs attaqués par des chenilles émettent un signal gazeux qui attire les guêpes destructrices de ces chenilles. Certains arbres et plantes se défendent et sécrètent des substances toxiques (tanins) à un stade donné de la consommation de leurs feuilles. C'est pourquoi la coccinelle du Mexique découpe un cercle dans la feuille qu'elle s'apprête à manger, en ne laissant que quelques points d'attache. Elle s'installe au milieu du cercle et broute tranquillement : l'information passe mal à travers la feuille découpée, et celle-ci met plus longtemps à devenir toxique.

Des loups face à un troupeau de cerfs, dans le parc du Yellowstone (États-Unis).

Le loup et les wapitis

Au début du XXe siècle, les loups sont exterminés dans le parc du Yellowstone, aux États-Unis. Les grands cervidés tels les wapitis, n'ayant plus de prédateur voient leur population énormément augmenter. De ce fait, ils font disparaître de nombreuses espèces de plantes et d'arbres en dévorant toutes les jeunes pousses. Ce qui entraîne la disparition des castors qui se nourrissaient de ces pousses... En 1995, la réintroduction du loup dans le parc régule rapidement la population de wapitis. Des réactions en chaîne se produisent alors : les jeunes arbres repoussent, la végétation foisonne de nouveau, les castors réapparaissent, et le reboisement permet de stabiliser les rives des rivières.

Les fleurs à l'écoute des chauves-souris

Pour se repérer dans l'obscurité, les chauves-souris émettent des ultrasons et écoutent leur réflexion sur des obstacles (écholocation). Les fleurs de *Vexillum* (une fleur d'Amérique centrale qui a besoin de la chauve-souris pour transporter son pollen) réfléchissent les ondes émises par les chauves-souris. La fleur signale ainsi clairement sa présence à la chauve-souris, qui la distingue des feuilles ou des autres parties du végétal.

Cette chauve-souris boit en plein vol le nectar de la fleur.

Gaïa, la déesse Terre

En 1979, le scientifique anglais James Lovelock propose de considérer la Terre comme un être unique, qu'il nomme Gaïa. Dans la mythologie grecque, Gaïa est la déesse de la Terre.

Forêt de séquoias dans le parc national Redwood, en Californie (États-Unis).

Une vision globale

James Lovelock remarque que la température, la composition de l'atmosphère et la salinité des océans sont restées constantes et favorables à la vie depuis des millions d'années. La Terre a pourtant connu de nombreuses perturbations, comme des épisodes de volcanisme intensif ou des chutes de météorites. Lovelock présente donc la Terre comme un tout dans lequel les animaux, les végétaux, les roches, l'atmosphère et les océans sont indissociables, comme les différentes parties d'un organisme vivant, qu'il nomme Gaïa.

Le séquoia et la Terre

Pour éclairer sa théorie, Lovelock compare Gaïa à un séquoia, arbre géant d'Amérique du Nord qui peut vivre 3 000 ans. Cet arbre est constitué à plus de 97 % de bois mort. Seule une couche périphérique de cellules vivantes située au-dessous de l'écorce le fait vivre. La Terre est également formée d'une masse énorme de matières mortes et porte une mince couche d'organismes vivants protégés par l'atmosphère.

La planète Floréale : l'atout diversité

Lorsque l'intensité solaire est faible, les pâquerettes sombres sont avantagées, car elles absorbent mieux le rayonnement. Elles produisent plus de graines et couvrent la surface d'un tapis sombre qui réchauffe la planète.

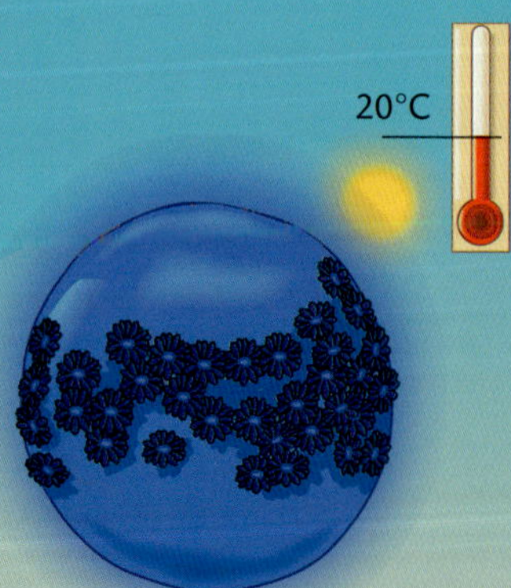

Le taux d'oxygène

Si l'atmosphère ne comporte que 15 % d'oxygène, rien ne brûle. En revanche, au-dessus de 25 %, le bois, même mouillé, prend feu spontanément. La concentration d'oxygène de l'atmosphère actuelle est stabilisée au taux de 21 %. Comment ? Certainement au moyen de la photosynthèse, qui a tendance à produire un surplus d'oxygène. De gigantesques incendies se déclenchent alors régulièrement ; ils forment un écran de fumée et diminuent ainsi photosynthèse et concentration d'oxygène.

La planète Floréale

Les oppositions à Gaïa étant très vives, Lovelock souhaite expliquer comment les êtres vivants peuvent agir sur leur milieu sans qu'il y ait calcul ou intention de leur part. Il invente alors une planète imaginaire qu'il nomme Floréale, planète semblable à la Terre et ne comportant que deux sortes de graines de fleurs : des graines de pâquerettes sombres et claires.

La température

On sait que le Soleil a accru sa luminosité de 25 % depuis l'origine de la vie sur Terre. Or, la température de notre planète n'a pas augmenté proportionnellement à cette luminosité croissante. Cela est certainement dû, au moins en partie, à une régulation par les organismes vivants.

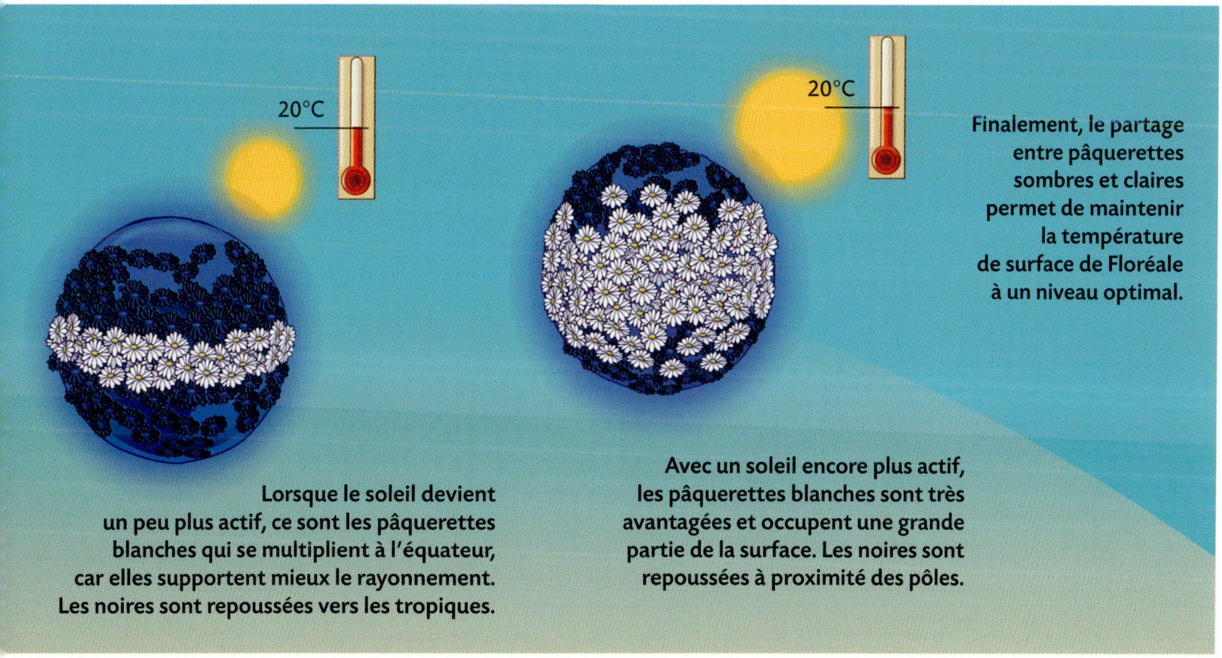

Lorsque le soleil devient un peu plus actif, ce sont les pâquerettes blanches qui se multiplient à l'équateur, car elles supportent mieux le rayonnement. Les noires sont repoussées vers les tropiques.

Avec un soleil encore plus actif, les pâquerettes blanches sont très avantagées et occupent une grande partie de la surface. Les noires sont repoussées à proximité des pôles.

Finalement, le partage entre pâquerettes sombres et claires permet de maintenir la température de surface de Floréale à un niveau optimal.

La Terre dans l'espace : sa couleur bleue et blanche signale la présence de la vie.

La planète

La Terre est une planète tout à fait particulière dans le système solaire, puisque la vie qu'elle abrite l'a profondément transformée. Elle baigne dans un énorme flot d'énergie provenant du Soleil, qui anime et rythme la vie de ses habitants.

bleue

Blanche et bleue

Vue de l'espace, la Terre est très différente des autres planètes du système solaire, comme Mars ou Vénus. L'eau et l'oxygène lui donnent son aspect caractéristique de sphère bleue marquée de blanc, fruit de l'action de la vie.

La Terre, une planète particulière dans le système solaire.

Des voisines différentes

L'atmosphère de Mars et de Vénus est surtout constituée de dioxyde de carbone (plus de 95 %). Elle ne comporte que très peu d'oxygène et une faible quantité d'azote (2,7 % sur Mars, 3,5 % sur Vénus). Très différente, l'atmosphère terrestre contient 78 % d'azote, 21 % d'oxygène, peu de dioxyde de carbone (0,035 %), très peu de méthane (0,000 17 %) et de nombreuses autres molécules à l'état de traces.

La vie en action

Les organismes vivants sont responsables de la composition particulière de l'atmosphère terrestre : en pratiquant la photosynthèse, certaines bactéries et les plantes ont permis la libération de l'oxygène et son accroissement depuis 3,6 milliards d'années. L'emprisonnement du dioxyde de carbone (CO_2) primitif sous forme de matière organique est lui aussi dû au vivant : certains micro-organismes (comme la microalgue *Emiliania*) l'utilisent pour fabriquer leurs coquilles. L'azote est maintenu grâce à l'activité de bactéries qui le rejettent dans l'air. La composition particulière de notre atmosphère est bien le fruit de la vie.

Recrée la photosynthèse

Grâce à cette expérience, tu vas comprendre comment les plantes vertes utilisent l'eau et la lumière du Soleil pour grandir.

- **1 grand bocal en verre (aquarium)**
- **Bicarbonate de soude**
- **1 petit bocal**
- **1 plante pour aquarium**

1. Remplis l'aquarium d'eau.

2. Ajoute 1 cuillerée à café de bicarbonate de soude par litre d'eau.

3. Prends le petit bocal et immerge-le complètement dans l'aquarium.

4. Fais glisser la plante dans le petit bocal maintenu sous l'eau.

5. Renverse le petit bocal, ouverture en bas, et pose-le au fond de l'aquarium.

6. Place le tout au soleil.

Au bout de quelques heures, l'oxygène se dégage de la plante. C'est la chlorophylle de celle-ci, qui, grâce à l'énergie solaire, fait réagir le dioxyde de carbone avec l'eau, pour produire du glucose et de l'oxygène. L'oxygène s'accumule sous le bocal comme il l'a fait dans l'atmosphère il y a plusieurs centaines de millions d'années.

Et si la vie s'arrêtait...

La composition de l'atmosphère changerait. L'oxygène ne serait plus produit par la photosynthèse et disparaîtrait. La concentration du CO_2 augmenterait car il ne serait plus piégé par des organismes comme *Emiliania*. L'azote ne serait plus restitué à l'atmosphère par les bactéries et réagirait avec l'océan. L'atmosphère de la Terre deviendrait alors proche de celle de Mars ou de Vénus.

Photosynthèse

Grâce à la lumière, les plantes vertes et certaines bactéries utilisent l'eau, les sels minéraux et le dioxyde de carbone pour se nourrir et grandir, tout en rejetant de l'oxygène.

Inondée de soleil

La Terre est baignée par un énorme flux d'énergie provenant du Soleil, ce qui permet à la vie de s'épanouir. Cette énergie varie suivant l'endroit où l'on se trouve et le moment de l'année.

Le Soleil, notre étoile

Semblable à ces millions d'étoiles qui parsèment le ciel nocturne, le Soleil est une boule de gaz brûlante d'un diamètre imposant : 100 fois celui de la Terre. Au centre, règne une chaleur d'enfer : 15 millions de degrés ! Le cœur est une sorte de bombe thermonucléaire géante qui explose en permanence et nous fournit une énergie extraordinaire, sous forme de lumière et de chaleur.

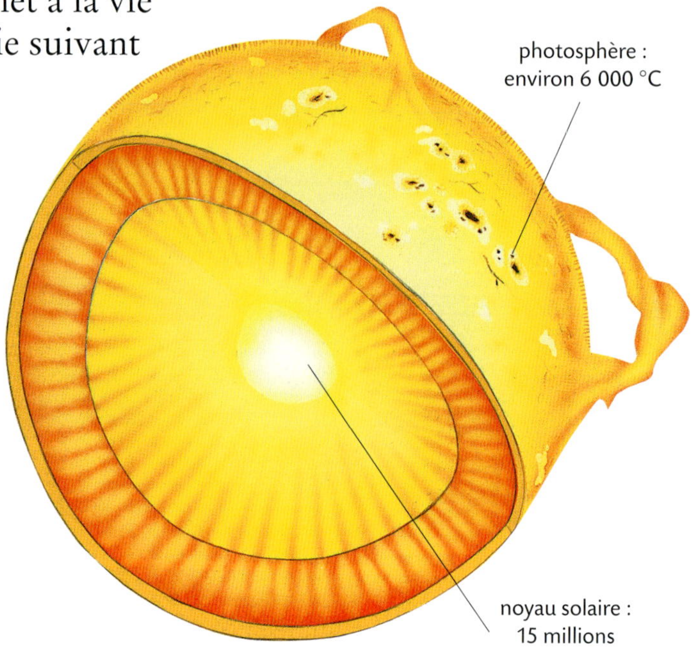

coupe du Soleil

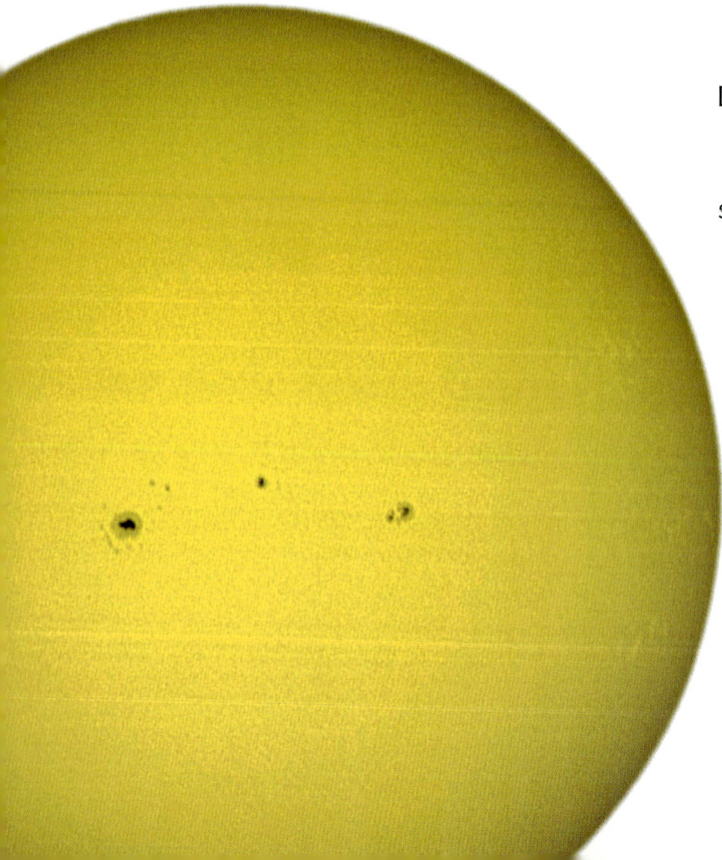

Sautes d'humeur

Le Soleil ne brille pas toujours de la même façon. Tous les 11 ans, quand les taches solaires s'étendent en surface, l'activité solaire, plus importante, entraîne un léger réchauffement climatique. Cette ativité, et donc notre climat, changent fortement tous les 300 ans environ. Ainsi, entre 1645 et 1715 a eu lieu un petit âge glaciaire. La mer Baltique était encore couverte de glace en avril ! Les astronomes ont remarqué alors que les taches solaires avaient pratiquement disparu.

Les tâches solaires sont des zones de la surface du Soleil de température plus faible que leurs voisines et d'intense activité magnétique.

Les voyages de la Terre

Comme une toupie, la Terre tourne sur elle-même en 24 heures autour d'un axe passant par ses pôles, provoquant l'alternance des jours et des nuits. Elle décrit une trajectoire elliptique autour du Soleil en un an, le plan de cette trajectoire étant nommé « plan de l'écliptique ». L'axe des pôles n'est pas parfaitement perpendiculaire au plan de l'écliptique mais légèrement incliné. L'équinoxe correspond au moment où la durée du jour est la même que celle de la nuit, et le solstice, à celui où les durées du jour et de la nuit sont les plus différentes.

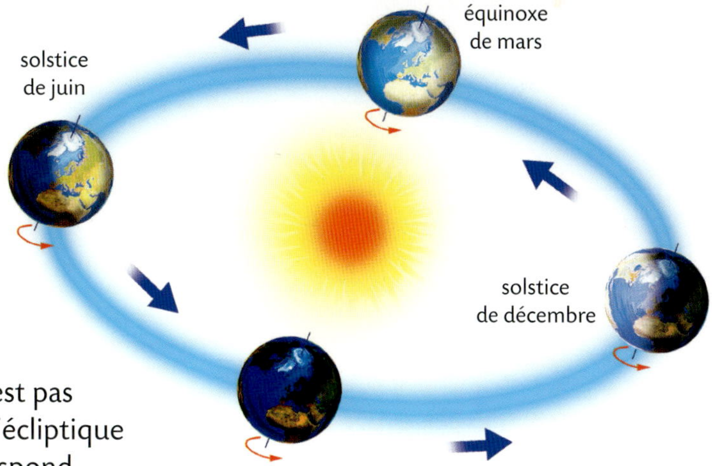

Les divers mouvements de la Terre expliquent l'alternance des jours et des nuits, ainsi que le cycle des saisons.

Les régions polaires reçoivent les rayons du Soleil de façon oblique.

Une Terre énigmatique

Le Soleil émet de l'énergie comme une bombe thermonucléaire, grâce à la fusion des noyaux d'hydrogène. Le résidu de cette activité est l'hélium, un gaz qui empêche la chaleur de s'échapper du cœur de l'étoile. Depuis sa naissance, il y a 4,6 milliards d'années, le Soleil n'a cessé de se réchauffer et il a augmenté l'énergie qu'il envoie vers la Terre de 30 % environ. Pourtant la température de notre planète est restée très stable. Cette énigme a longtemps troublé les scientifiques.

Sous le Soleil exactement...

L'énergie reçue par la surface dépend de l'angle avec lequel les rayons solaires frappent la Terre. Les régions tropicales reçoivent des rayons perpendiculaires, et sont plus chaudes que les régions polaires, aux rayons fortement obliques. L'inclinaison de l'axe de la Terre est responsable des saisons des deux hémisphères. Du 21 mars au 23 septembre, dans l'hémisphère Nord plus exposé aux rayons solaires, les jours sont plus longs que les nuits (c'est le printemps et l'été). Dans l'hémisphère Sud, la même période correspond à l'automne et à l'hiver. Du 24 septembre au 20 mars : automne et hiver se trouvent au nord, printemps et été au sud.

Une serre chaude

La Terre est enveloppée par une atmosphère qui agit comme une couverture et piège la chaleur renvoyée par la surface. Cet effet de serre est un des principaux facteurs du climat de notre planète.

Dans les pays industrialisés, plus du quart des émissions de gaz à effet de serre sont dues aux transports.

Chaude au soleil d'hiver

Tu as sans doute déjà remarqué qu'au cours d'une journée d'hiver froide mais ensoleillée, l'intérieur d'une voiture garée au soleil est chaud, alors que le chauffage n'est même pas en marche. Ce même phénomène est responsable de la température régnant à l'intérieur d'une serre vitrée : le soleil pénètre au travers des vitres, est absorbé par les plantes qui émettent ensuite des infrarouges (rayonnement invisible émis par les objets chauds). Ces rayons sont ensuite bloqués par le verre, et la température monte.

La centrale thermique Maritza Iztok (Bulgarie), qui produit de l'électricité, mais émet des gaz à effet de serre.

Les gaz à « effet de serre »

L'atmosphère n'est évidemment pas comparable à la vitre de la serre. Cependant, près de la surface terrestre, là où l'air est dense, certains composants de l'atmosphère absorbent les infrarouges émis vers l'espace et en réfléchissent une partie vers le bas. Les responsables de cet effet « couverture » sont essentiellement le dioxyde de carbone (CO_2), le méthane (CH_4) et la vapeur d'eau (H_2O).

Témoins du passé

La neige qui tombe emprisonne de l'air dans ses flocons. Lorsque d'autres chutes de neige viennent recouvrir la première, la pression transforme la neige en glace. Aux pôles, où la glace ne fond pas, on peut analyser les glaces profondes et ainsi connaître la composition de l'air emprisonné lors de périodes très lointaines (jusqu'à – 400 000 ans). Les scientifiques ont établi que la concentration des gaz à effet de serre a varié fortement au cours du temps, et par exemple que la concentration en CO_2 a augmenté de 40 % au cours de la dernière déglaciation, débutée il y a 18 000 ans.

Les carottes glaciaires permettent de définir les évolutions climatiques survenues depuis des dizaines de milliers d'années.

Une Terre glacée ?

La Terre possède actuellement une température moyenne de surface de 15 °C. Si notre planète ne disposait pas d'une atmosphère riche en gaz à effet de serre, sa température de surface serait de – 18 °C.

Comprends l'effet de serre

Piège les rayons du Soleil pour comprendre le phénomène de l'effet de serre.

- **2 boîtes en polystyrène expansé**
- **Papier noir**
- **Thermomètre**
- **Vitre**

1. Place au soleil les deux boîtes tapissées de papier noir. Recouvre l'une des deux par la vitre.

2. Le thermomètre, disposé successivement dans chacune des boîtes, montre clairement une température plus élevée dans celle qui est recouverte de la vitre.

Cette fleur tropicale originaire d'Amazonie est un balisier (forêt de Kaw, en Guyane française).

L'énergie de la vie

L'énergie solaire permet d'animer l'eau, l'air mais également les êtres vivants. Ceux-ci tirent leur énergie du Soleil et se la transmettent sous la forme d'un flux énergétique.

La transpiration des plantes

Une grande partie de l'énergie solaire qui atteint la Terre est réfléchie sous forme de chaleur vers l'atmosphère. Ce qui reste sert surtout à faire évaporer l'eau des plantes : cette « transpiration » active le mouvement de l'eau à l'intérieur de la plante, ce qui facilite le transport de la nourriture depuis le sol jusqu'aux feuilles, où a lieu la photosynthèse. La photosynthèse n'utilise que 0,5 à 3 % de l'énergie solaire. La respiration de la plante consomme 80 % de cette énergie ; les 20 % restants servent à produire de nouveaux tissus végétaux. Une grande quantité d'énergie solaire est donc perdue.

Les décomposeurs

Les décomposeurs (insectes, vers...) ont un rôle important. Ils « défont » les composés organiques (feuilles mortes...) pour les rendre assimilables par les plantes. Ils en profitent pour récupérer à leur profit l'énergie restante présente dans les cadavres ou les excréments. Sans eux, tous ces éléments nutritifs seraient perdus pour les plantes.

Le bousier, par exemple, roule les excréments en boule, puis les pousse à reculons vers son terrier pour les mettre à l'abri.

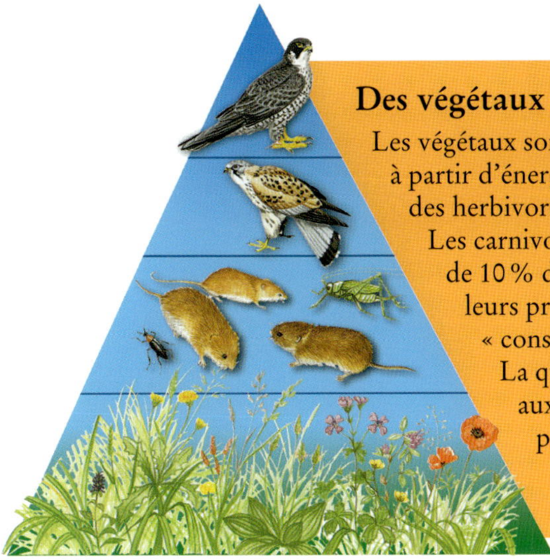

Des végétaux aux carnivores

Les végétaux sont appelés « producteurs primaires » car ils se développent à partir d'énergie solaire et de minéraux. Ils sont consommés par des herbivores qui utilisent 10 % de l'énergie fournie par ces végétaux. Les carnivores consomment les herbivores et n'utilisent pas plus de 10 % de l'énergie solaire fixée par les herbivores pour constituer leurs propres tissus. Les herbivores et les carnivores sont appelés « consommateurs : ils dépendent des végétaux pour survivre. La quantité d'énergie solaire diminue des producteurs aux consommateurs. Il faut 660 tonnes de végétaux par an pour nourrir 66 000 campagnols, qui seront consommés par 365 faucons crécerelles lesquels nourriront un seul faucon pèlerin !

Bêtes féroces et rares

La plupart des carnivores sont d'autant plus gros (leur mâchoire doit pouvoir engloutir les proies), féroces et rares qu'ils sont situés plus haut dans la pyramide alimentaire. C'est ainsi que les requins blancs ou les orques en mer, les lions ou les tigres sur terre sont à la fois impressionnants et peu nombreux. La baleine est une exception à la règle : elle est à la fois énorme et pourtant située très bas dans la pyramide alimentaire. Elle filtre l'eau de mer grâce à ses fanons, engloutissant ainsi des quantités stupéfiantes de toutes petites crevettes, le krill.

L'implacable orque, tueuse des mers, s'attaque aux phoques, otaries, dauphins, requins et même aux baleines !

Productivité des milieux de la Terre

La quantité totale d'énergie que les herbivores peuvent tirer des plantes est appelée « production primaire nette ». Exprimée en tonnes par km^2, cette production varie beaucoup suivant la latitude : elle est en moyenne de 165 dans les milieux polaires, 654 dans les forêts boréales, 798 dans les milieux tempérés, 1 424 dans les milieux subtropicaux et 1 834 dans les milieux tropicaux.

Bio-accumulation

Certaines substances toxiques sont absorbées par les organismes et se concentrent au fur et à mesure qu'elles circulent vers les « étages » supérieurs des pyramides alimentaires. Le PCB (utilisé dans la composition des peintures, des isolants électriques, etc.) est un bon exemple : on en a retrouvé des résidus dans les tissus des manchots arctiques et dans le lait des femmes de la plupart des pays du monde.

La ronde des jours

La rotation de la Terre, et donc l'alternance des jours et des nuits, rythme l'existence des êtres vivants de la planète, depuis les hommes jusqu'aux bactéries, en passant par les animaux et les plantes.

Comment ça marche ?
Sous l'influence du Soleil, la glande pinéale, située à la base du cerveau, produit une hormone (la mélatonine) qui « remet à l'heure » nos horloges internes et les synchronise sur l'alternance jour-nuit.

Des hauts et des bas

L'attention, la mémoire, mais aussi la force musculaire et les fréquences cardiaque et respiratoire des humains évoluent au cours de la journée. Pour la plupart d'entre nous, commence entre 5 et 8 heures du matin une période active associée à une température corporelle élevée. Suit une phase de repli et de fatigue, entre 11 et 14 heures. La nouvelle phase de haute vigilance, entre 17 et 20 heures, est suivie d'une phase de fatigue et de très faible vigilance entre 23 heures et 2 heures du matin. La phase la moins active se situe entre 2 et 5 heures du matin.

Le naufrage du *Titanic* s'est produit dans la nuit du 14 au 15 avril 1912 au large de Terre-Neuve, dans l'océan Atlantique Nord.

Attention, danger !

Les accidents de voiture ou d'avion se produisent souvent vers 2 ou 3 heures du matin, au moment où les réflexes sont plus lents et moins adaptés. Lorsque la centrale nucléaire américaine de Three Mile Island s'est emballée à 4 heures du matin, les ingénieurs et techniciens de garde ont été incapables de prendre en temps voulu les décisions qui s'imposaient, augmentant ainsi la gravité de l'accident. Le naufrage du *Titanic* s'est produit à 23 h 30 (heure locale) mais à 2 h 30 du matin (heure physiologique) pour l'équipage qui venait de passer 3 fuseaux horaires en 4 jours...

L'horloge à oiseaux

Au printemps, les oiseaux chantent pour défendre leur territoire. Les différentes espèces commencent à chanter dans un ordre précis et à des heures régulières. On arrive ainsi à déterminer approximativement l'heure, mais cette heure varie avec celle du lever du soleil et en fonction de l'endroit où l'on se trouve.

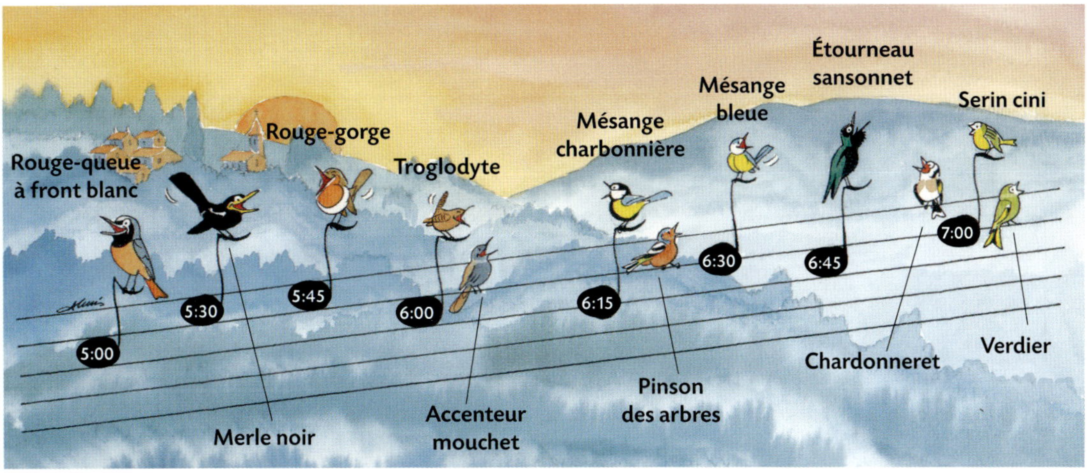

L'horloge à fleurs de Linné

Le botaniste suédois Carl Von Linné a établi en 1751 une « horloge florale » en remarquant que telle ou telle fleur s'ouvrait et se fermait à certaines heures de la journée. Cette heure dépend cependant du lieu où l'on se trouve.

Le monde de la nuit

Dès que le soleil se couche, les animaux nocturnes entrent en scène. Proies et prédateurs ont développé des comportements et des armes adaptés à l'absence de lumière, qui leur permettent de poursuivre une lutte millénaire.

chouette effraie

Rapaces nocturnes

Chouettes et hiboux sont dotés de becs crochus, de serres puissantes et d'une excellente vue. Leur vol est silencieux grâce à leur plumage moelleux qui assourdit le bruit des ailes. Ils font partie des oiseaux qui ont l'ouïe la plus développée. Leurs trous auditifs sont cachés derrière les disques faciaux, presque au niveau des yeux.

chat

Des guetteurs silencieux

Les yeux des animaux nocturnes sont adaptés à la vision de nuit ; souvent très grands, dotés d'une immense pupille, ils utilisent la moindre lueur, que ce soit celle des étoiles ou de la Lune. Les prédateurs nocturnes disposent d'une ouïe parfaite qui leur permet de repérer leurs proies ; de plus, ils savent se déplacer silencieusement : c'est ainsi que le chat étouffe le bruit de ses pas grâce aux coussinets disposés sous ses pattes.

hérisson

Les chauves-souris

Ces petits mammifères sont appelés chiroptères, c'est-à-dire mains ailées (du grec *kheit* = « main » et *pteron* = « aile »). Longtemps confondues avec les oiseaux, elles sont pourtant très différentes : la surface portante de leurs ailes est une membrane tendue entre le corps, la queue et les quatre membres. Les espèces européennes, insectivores, prennent le relais nocturne des hirondelles et autres fauvettes. Une chauve-souris peut capturer en une nuit la moitié de son poids en insectes.

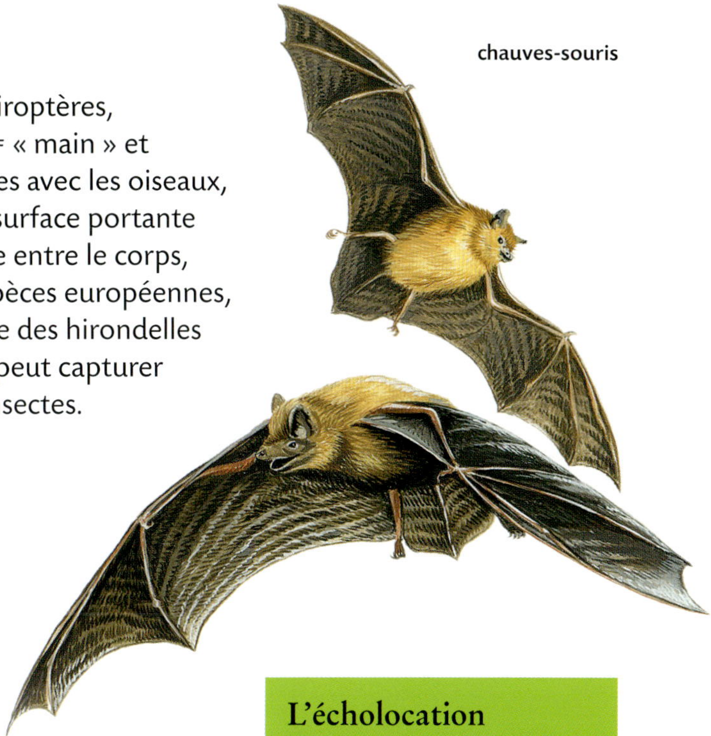

Le serpent chasse dans le noir

Les serpents à sonnette ont deux trous, près de l'œil, qui contiennent des organes de détection des radiations infrarouges. Les proies sont ainsi repérées dans l'obscurité la plus totale grâce à la chaleur de leur corps.

Blattes de nuit

Très « vieux » insectes – puisque les formes fossiles sont comparables aux formes actuelles –, les blattes comportent plusieurs milliers d'espèces. La majorité d'entre elles habitent les zones équatoriales et tropicales. Les blattes ont leur période de pleine activité la nuit. Trapues et aplaties, elles se déplacent à toute vitesse en agitant de longues antennes avec lesquelles elles détectent les traces chimiques de nourriture avec une extraordinaire efficacité.

L'écholocation

Les chauves-souris, comme les dauphins, se dirigent et chassent au moyen de sons si aigus que les oreilles humaines ne peuvent les entendre. Ces animaux émettent des ultrasons puis écoutent l'écho qui leur revient après avoir rebondi sur les obstacles : une expérience a montré que les chauves-souris pouvaient capturer de petits insectes dans une pièce totalement noire tendue d'obstacles formés de fils de fer !

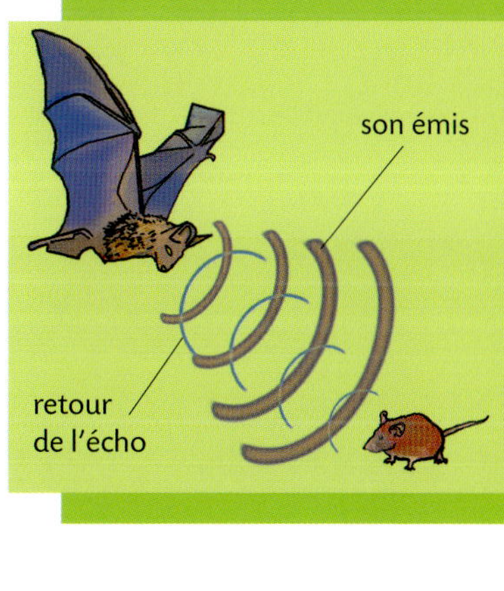

Le cycle des saisons

Pour survivre à la mauvaise saison, certaines espèces hibernent, d'autres migrent. Toutes adaptent leur reproduction aux périodes les plus favorables de l'année.

Hibernation et hivernation

En hiver, la nourriture se fait rare et la température chute fortement. Certains mammifères hibernent pour passer cette période difficile. Ils entrent dans un sommeil profond, abaissent leur température corporelle (la marmotte passe de 37 °C à 4 °C), diminuent leur rythme cardiaque et leur respiration, ce qui permet de faire une énorme économie d'énergie. D'autres mammifères, les ours par exemple, hivernent. Ils entrent dans un sommeil profond, mais peuvent se réveiller plus facilement : leur température corporelle ne baisse que de 4 à 7 °C, et ils sortent de leur tanière de temps à autre au cours de l'hiver.

loir en hibernation

Le temps de la reproduction

La plupart des espèces font naître leurs petits en fin d'hiver ou au printemps, ce qui donne aux jeunes les meilleures chances de développement. Les espèces qui ont une durée de gestation de quelques semaines s'accouplent au printemps. Si cette durée est de six mois (ovins, caprins, cervidés), la période d'activité sexuelle se déroule à l'automne. L'ours est une des exceptions à cette règle : il s'accouple en Europe entre avril et juin, mais deux à trois jours après la fécondation, l'œuf cesse de se développer. Il reprend son développement en novembre, peu avant l'hivernation. La naissance se déroule dans la tanière, en janvier ou février.

ourse dans sa tanière avec ses deux oursons

Dépression saisonnière

Pour certaines personnes, l'entrée de l'hiver est difficile : moral en baisse, troubles de la concentration… Cette minidépression, qui touche les jeunes adultes et les femmes plus que les hommes, est due à la baisse de luminosité. Le manque de lumière peut perturber le cycle de sécrétion de la mélatonine, l'hormone qui règle l'horloge interne de l'organisme. Dans les cas graves, on traite cette affection par photothérapie, en exposant régulièrement le patient à la lumière artificielle.

Migrations

Le déplacement saisonnier est très courant chez les oiseaux, mais aussi chez les mammifères et les insectes. Les oiseaux insectivores, comme les hirondelles, quittent les hautes latitudes à la mauvaise saison, pour rejoindre des lieux plus cléments ; les gnous, grandes antilopes d'Afrique orientale, migrent pour suivre les pluies à la recherche de jeunes pousses. De même au printemps, la belle-dame, un papillon fauve et noir, vient d'Afrique pour se reproduire en Europe. À l'automne, sa progéniture descend à son tour vers l'Afrique.

oies des neiges en migration

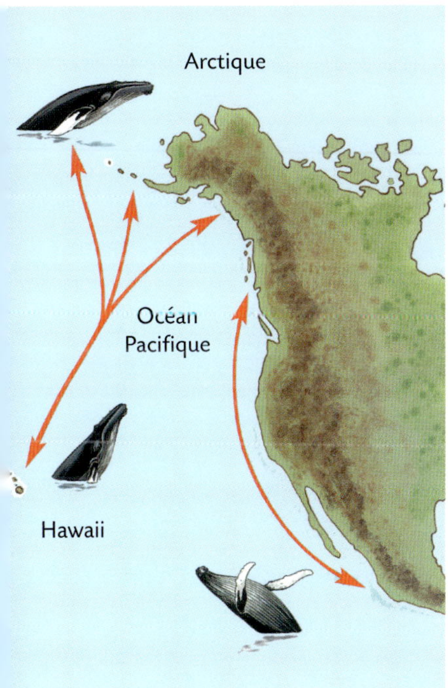

L'été, les baleines à bosse se nourrissent dans les eaux polaires ; l'hiver, elles vont se reproduire dans les eaux chaudes d'Hawaïï et de Basse-Californie.

Orientation et navigation

La plupart des espèces qui migrent font preuve de surprenantes qualités de navigation pour retrouver leur chemin sans se tromper sur des milliers de kilomètres. Les scientifiques ont acquis la certitude que de nombreux procédés sont utilisés, parfois simultanément : les repères visuels (comme le tracé des côtes), l'observation de la course du Soleil, qui, jointe à l'horloge interne, permet de s'orienter, mais aussi l'utilisation de l'étoile Polaire la nuit et enfin la perception du magnétisme terrestre.

Survivre grâce au repos

Dans les périodes défavorables, certains organismes survivent en se mettant au repos. Ainsi les lichens et les mousses se déshydratent, certaines plantes perdent leurs feuilles, et de nombreux invertébrés subsistent à l'état d'œuf ou de nymphe.

Les caprices d'Éole

Tous les points de la Terre ne reçoivent pas également l'énergie solaire. Les différences de température créent des vents qui transportent la chaleur vers les pôles et le froid vers les tropiques.

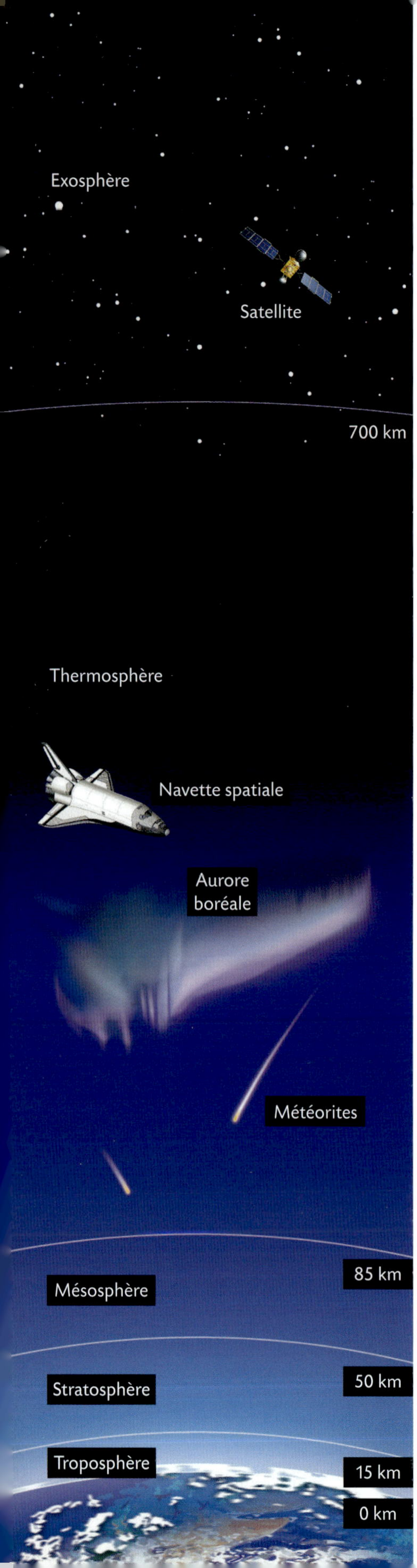

Les couches de l'atmosphère

La troposphère va de la surface de la Terre jusqu'à 15 km d'altitude. La température décroît de 15 °C au sol à – 70 °C au sommet. La stratosphère s'étend de 15 km à 50 km d'altitude. La température évolue de – 70 °C à la base à 0 °C au sommet. Au-dessus, de 50 à 85 km, se trouve la mésosphère (0 °C à la base, – 100 °C au sommet). À partir de 85 km, la thermosphère, couche très chaude soumise aux radiations du Soleil, entre au contact de l'espace.

La couche d'ozone

La stratosphère contient la couche d'ozone, qui atteint sa concentration maximale à 30 km de la Terre. L'ozone, dû à la dégradation de l'oxygène en altitude sous l'action du Soleil, protège la Terre de l'action nocive des ultraviolets du Soleil. (L'ultraviolet est le rayonnement invisible à l'œil nu situé au-delà du violet. Le spectre de la lumière solaire visible va du rouge au violet.)

Les colonnes d'air tourbillonnantes nommées tornades se forment au milieu de nuages orageux. Les vents circulaires peuvent alors atteindre 500 km/h et provoquer d'énormes dégâts.

Naissance des vents

C'est l'énergie du Soleil qui réchauffe la Terre, met l'air en mouvement et crée le vent. L'air chaud, plus léger, a tendance à monter, diminuant ainsi la pression au sol, tandis que l'air froid, plus lourd, a tendance à descendre et donc à augmenter la pression au sol. Au fur et à mesure qu'il s'élève, l'air chaud crée une aspiration et est remplacé par de l'air froid. C'est pourquoi l'air circule toujours des hautes pressions vers les basses pressions.

Cyclones, ouragans et typhons

Sous les tropiques et dans certaines conditions atmosphériques, se créent des cyclones nommés aussi ouragans ou typhons. Ce sont des vents très violents (200 à 300 km/h) en forme de spirale enroulée autour d'un centre, zone de calme appelée « œil du cyclone ».
On a calculé que l'énergie qui s'exerce dans un cyclone tropical équivaut, à chaque seconde, à celle d'une explosion atomique, d'où l'importance des dégâts.

Comprends les alizés

Fais voler du talc au-dessus d'une ampoule.

- **1 lampe de bureau**
- **Du talc**

1. Allume la lampe et laisse l'ampoule chauffer.

2. Quand elle est chaude, verse une pincée de talc juste au-dessus de l'ampoule.

3. Le talc, entraîné par le courant d'air chaud qui s'élève au-dessus de l'ampoule, retombe plus loin lorsque l'air s'est refroidi.

4. C'est exactement ce qui se passe à l'équateur, la région la plus chaude de la Terre : l'air chaud s'y élève pour être remplacé par de l'air plus froid en provenance des tropiques.

Rotation de la Terre

L'air des régions équatoriales, très chaud, s'élève en maintenant une basse pression permanente au-dessus de l'équateur. Mais les vents attirés par cette dépression ne sont pas orientés suivant un méridien, comme on aurait pu s'y attendre. La rotation de la Terre les dévie en créant dans la zone tropicale le régime permanent des alizés.

Paysage d'Antarctique montrant de l'eau dans tous ses états : liquide (océan), solide (glacier), et gazeux (nuages).

Les eaux de la Terre

L'eau est partout sur la planète Terre : dans les océans, le sous-sol, les glaciers, les fleuves, les nuages et les êtres vivants.

Répartition des eaux

L'eau existe sous trois formes : solide (dans les glaciers ou aux pôles), liquide (dans les rivières, lacs et océans), gazeuse (dans les nuages). L'eau salée représente 97,2 % de l'eau sur Terre. Le reste, c'est de l'eau douce. 2,15 % de celle-ci, stockée dans les glaciers polaires, est difficile d'accès, si bien qu'il ne reste que 0,65 % d'eau utilisable dans le sous-sol, les fleuves ou les lacs. L'homme et les animaux sont constitués d'environ 71 % d'eau, les végétaux verts de 85 %, le bois de 50 %.

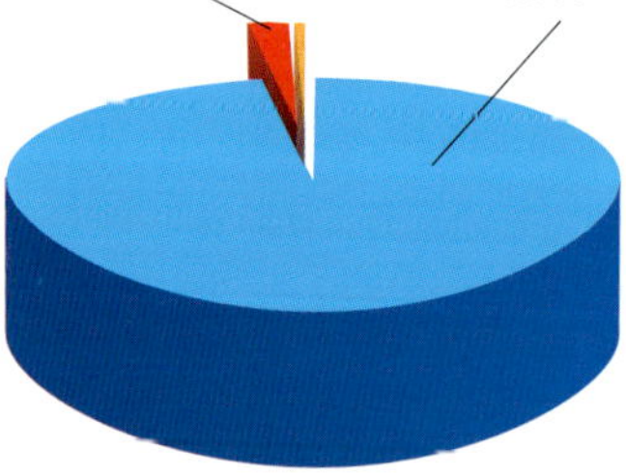

répartition des eaux sur la planète

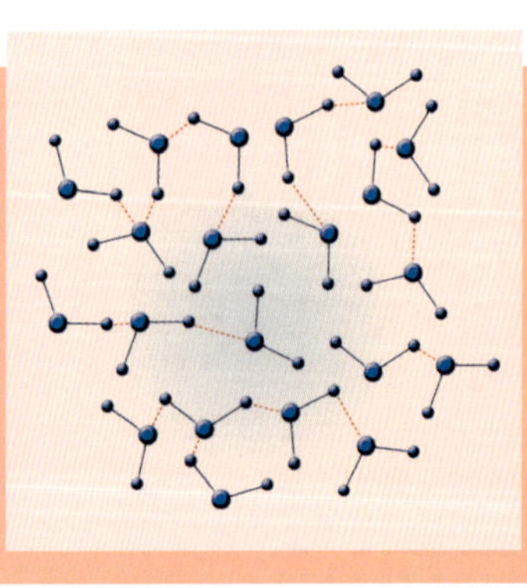

L'eau, une molécule étrange

L'eau est une molécule légère, qui « devrait » être gazeuse à température ordinaire. Heureusement, il n'en est rien. Cette propriété « hors norme » s'explique par le fait que les molécules d'eau s'associent pour former une sorte de solide « tissu » : c'est ainsi que l'eau ne s'évapore qu'à des températures élevées. De plus, lorsqu'elle se solidifie, l'eau, contrairement à la plupart des autres corps, augmente de volume, et c'est une chance pour le vivant : la glace, moins dense, flotte, ce qui permet le maintien de la vie dans les lacs et les océans gelés.

Le Soleil et l'eau

L'eau est une voyageuse. Elle ne cesse de circuler sous l'action de la chaudière solaire : le rayonnement thermique fait passer l'eau des océans à l'état de vapeur. Une partie retombe en pluies ; l'autre, entraînée par le vent vers les continents, s'ajoute aux eaux d'évaporation pour se condenser en pluies. Une partie pénètre dans la Terre, l'autre ruisselle et rejoint les océans.

L'énigme de la salinité des océans

Au cours des temps géologiques, il semble que la salinité des océans se soit maintenue à un niveau constant et parfaitement compatible avec la présence de la vie. Cette régulation « automatique » est le résultat des interactions multiples qui existent entre la planète et ses divers habitants.

Ton corps est composé d'eau à 71 %.

Les grands courants océaniques

L'énergie solaire, de loin la plus importante source énergétique de la planète, réchauffe les océans, surtout sous les tropiques, et active la circulation des grands courants océaniques. Les courants de surface transportent la chaleur tropicale vers les régions polaires. Là, les eaux se refroidissent et plongent vers le fond avant de parcourir en profondeur des milliers de kilomètres pour remonter en surface quand elles sont suffisamment réchauffées. Ce « tapis roulant » apporte en surface des éléments nutritifs qui y sont rares, comme le phosphore ou l'azote.

Roches en mouvement

Sous son apparente stabilité, la Terre cache une étonnante activité interne. Les lents mouvements provenant de l'intérieur de la planète déplacent les continents, sculptent les montagnes et influencent la répartition de la vie et des végétaux.

Une planète agitée

Autour du noyau, le magma, constitué de roches en fusion, est animé de mouvements de convection : les roches les plus chaudes, plus légères, s'élèvent vers la surface. Au-dessus du magma, la croûte terrestre, froide, est divisée en plusieurs plaques. Le magma remonte et sort au niveau des dorsales océaniques. Cet apport de matière pousse les plaques voisines et tend à les écarter. Elles peuvent alors se percuter ou bien passer l'une sous l'autre : c'est la subduction. Ces mouvements de plaques sont à l'origine de tremblements de terre et de l'activité volcanique.

Élévation de l'Afrique

On sait depuis peu que les mouvements de convection du magma sont également à l'origine de l'élévation ou de l'affaissement des continents. Par exemple, le superpanache de magma, énorme champignon de roches plus chaudes situé sous la pointe sud de l'Afrique et remontant lentement dans le manteau, soulève ce continent : il a entraîné l'élévation de l'Afrique de plusieurs centaines de mètres en 20 millions d'années.

Éruption du volcan Eyjafjöll en Islande : le magma atteint la surface et jaillit sous forme de lave.

Histoire de plaques

La théorie de la dérive des continents a été formulée par un Allemand, Alfred Wegener, en 1915. Dans les années 1960, les géologues admettent la théorie de la tectonique des plaques : la surface de la Terre est formée de plaques qui glissent et se déplacent sur le manteau supérieur. Au début de l'ère primaire, il n'y avait qu'un seul continent : la Pangée. Puis, progressivement, les plaques se sont détachées, ont dérivé et formé une deuxième Pangée avant de se séparer à nouveau. C'est au cours de ces rencontres houleuses que les chaînes montagneuses sont nées.

Les ratites

On pensait autrefois que les grands oiseaux coureurs (autruches, nandous, kiwis, casoars) qui vivent sur des continents différents appartenaient à des groupes distincts. Grâce à des comparaisons d'ADN (qui constitue l'empreinte unique d'une espèce), nous savons aujourd'hui, que ces oiseaux font partie d'un même groupe, les ratites. En effet, leur ancêtre commun vivait sur la totalité d'un bloc, le Gondwana. Lorsque celui-ci s'est fragmenté, l'ancêtre a évolué et s'est différencié en plusieurs espèces.

Les plaques et la vie

La vie dans son ensemble a été affectée par ces mouvements : les chaînes montagneuses, les différences climatiques et la séparation des plaques ont entraîné l'isolement de certaines espèces. C'est le cas à Madagascar, île riche en espèces endémiques (espèces qui n'existent nulle part ailleurs). Au contraire, au cours du rapprochement de plaques, d'autres espèces ont pu passer d'un continent à l'autre et le coloniser si les nouvelles conditions leur convenaient. Ainsi, par exemple, lorsque l'isthme de Panama a réuni l'Amérique du Nord et du Sud (isolées depuis 50 millions d'années), une grande partie des animaux du Sud ont été supplantés par les mammifères du Nord.

De gauche à droite :
1. Autruche (Afrique)
2. Casoar (Australie)
3. Nandou (Amérique du Sud)
4. Kiwi (Nouvelle-Zélande)

Séismes et éruptions

La Terre est une planète vivante. L'énergie accumulée dans ses profondeurs s'exprime régulièrement par des soubresauts violents, comme les tremblements de terre (ou séismes) et les éruptions volcaniques.

Cette rue piétonne de la ville d'Urayasu, à l'est de Tokyo, s'est effondrée au cours du séisme du 11 mars 2011.

Séismes

Les plaques tectoniques qui forment l'assise de la Terre se déplacent sur le magma et se frottent dans leurs zones de contact. Ces mouvements provoquent de fortes tensions et, parfois, l'énergie accumulée se libère sous forme de tremblements de terre. Ces séismes ont lieu dans les zones sismiques, régions d'affrontement des plaques.

De Lisbonne jusqu'au Japon

En 1755, Lisbonne est anéantie par un séisme puis un raz-de-marée : bilan 60 000 morts. Le 18 avril 1906, San Francisco est détruite par un séisme d'une ampleur de 8,2 sur l'échelle de Richter, suivi d'un incendie. Le 26 décembre 2004, un tremblement de terre de magnitude 8,9 provoque un tsunami qui, dévastant les côtes de l'océan Indien, fait plus de 280 000 victimes. Enfin, le 11 mars 2011, un séisme de magnitude 8,9 suivi d'un tsunami ravage le Japon, endommageant la centrale nucléaire de Fukushima et faisant 25 000 morts ou disparus.

L'échelle de Richter

Charles Richter a proposé une formule mathématique pour évaluer l'énergie (ou magnitude) d'un séisme. Cette échelle va de 0 à 9. À 3, le séisme est enregistré par les sismographes mais à peine sensible. Entre 5,4 et 6, de légers dégâts apparaissent sur les immeubles bien construits, les autres étant en partie détruits. À 8 et au-dessus, toutes les constructions sont dévastées sur des centaines de kilomètres, et le paysage est entièrement bouleversé.

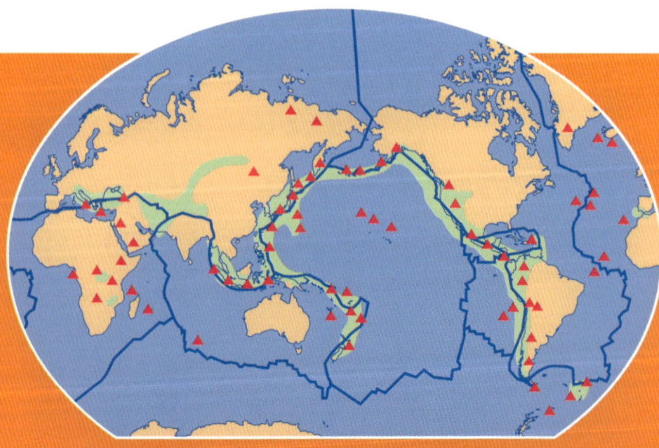

▲ zones sismiques ■ volcans — frontières entre plaques

Les volcans

Sous la croûte terrestre se trouve le manteau, formé de roches brûlantes. À une profondeur de 30 à 100 km et dans certains endroits, par exemple à l'aplomb des limites de plaques tectoniques, les minéraux qui forment le manteau fondent partiellement et laissent apparaître du liquide magmatique. Celui-ci, plus léger, remonte vers la surface, où il prend le nom de lave. Le volcan est un des points de sortie de ce magma. La terre compte 600 volcans actifs, la plupart ceinturant le Pacifique. Une cinquantaine entrent en éruption chaque année.

Éruptions et extinctions

Certaines disparitions massives d'espèces, il y a 250 et 65 millions d'années, sont associées à des périodes d'activité volcanique exceptionnelle. Bien qu'elles ne soient pas les seules responsables de ces crises biologiques majeures, les éruptions ont provoqué un réchauffement climatique et augmenté le rayonnement ultraviolet, ce qui a contribué à fragiliser les espèces.

Le volcan du Kilauea, à Hawaii est l'un des plus actifs du monde.

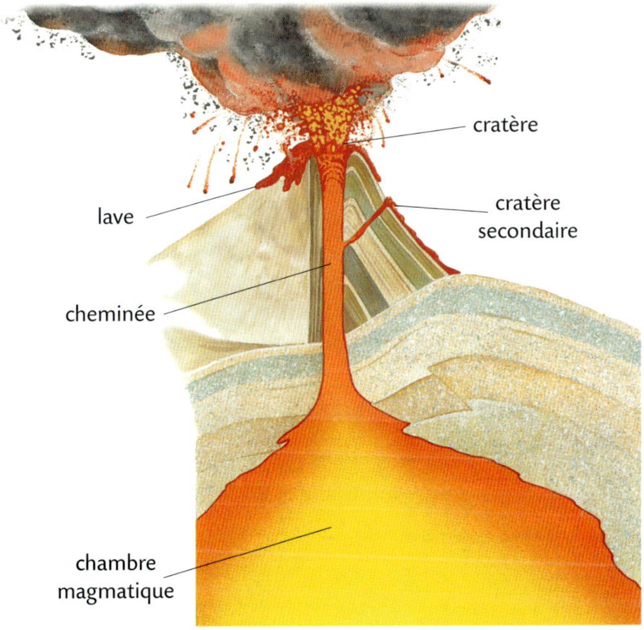

volcan en éruption

Éruptions catastrophiques

- Éruption du Vésuve (Italie) : 24 août 79. Destruction de Pompéi. 15 000 à 20 000 victimes.
- Éruption de Tambora, en Indonésie : 1815. 60 000 victimes.
- Nuée ardente issue de la montagne Pelée (Martinique) : 1902. 29 000 morts.
- Éruption de Nevado del Ruiz (Colombie) : 1985. 23 000 victimes.

Les éruptions volcaniques projettent dans l'atmosphère des poussières et des aérosols, émettent du CO_2 et détruisent l'ozone stratosphérique.

La roue de la vie

Il y a peu de temps que nous comprenons comment fonctionne la vie sur Terre. Ce sont les expériences menées par la Nasa (Administration de l'espace américaine) pour préparer les futurs voyages interplanétaires qui nous ont permis d'acquérir ces connaissances.

L'écosphère est un milieu fermé dans lequel la vie se maintient.

Respirer grâce aux plantes

À la fin du XVIIIe siècle, le pasteur Joseph Priestley, chimiste et philosophe anglais, réalise une curieuse expérience :

1. Une plante verte, placée sous une cloche en verre contenant du dioxyde de carbone, continue à pousser à condition qu'elle reçoive de l'énergie lumineuse.

2. Une souris, placée seule dans les mêmes conditions, meurt rapidement.

3. En revanche, si la plante est placée sous la même cloche que la souris, les deux survivent, à condition que la cloche soit placée au soleil. Ce dernier résultat est évidemment dû au fait que la plante par photosynthèse fournit à la souris l'oxygène nécessaire à sa respiration.

La plante seule pousse.

La souris seule meurt.

Souris et plante survivent.

Respirer ou manger ?

Mais l'expérience de Priestley ne peut se poursuivre longtemps, car la souris est contrainte de manger. Comme elle n'a à sa disposition que les feuilles de la plante, elle se condamne à interrompre la production d'oxygène. Et même si la plante était assez grande pour supporter que quelques-unes de ses feuilles soient rongées sans cesser de produire de l'oxygène, la souris serait vite submergée par l'accumulation de ses déjections.

Un fonctionnement en cycle

Comme dans l'expérience de Priestley, les algues produisent l'oxygène que respirent les crevettes. Celles-ci rejettent du dioxyde de carbone et de l'eau, que les algues utilisent pour la photosynthèse. Mais ici la matière organique des algues est consommée par les crevettes, qui s'en nourrissent pour survivre et produire des déchets. Des décomposeurs bien choisis recyclent ces déchets, qui servent ensuite de nourriture aux algues. Dans l'écosphère, il existe donc deux boucles imbriquées qui représentent le cycle de la vie.

L'écosphère

Lorsque la Nasa décide de lancer des voyages interplanétaires, il paraît nécessaire aux scientifiques d'économiser l'énergie, l'eau et la production de déchets dans les futurs vaisseaux spatiaux. Et, donc, de mieux comprendre le fonctionnement de la Terre, pour en réaliser un « modèle réduit » dans le vaisseau spatial. C'est ainsi que la Nasa a mis au point l'écosphère, sphère entièrement close où des êtres vivants vivent en utilisant l'énergie solaire comme seul apport extérieur. Remplie aux trois quarts d'eau de mer, elle contient une dizaine de crevettes, un peu de gravier et des algues.

Une Terre en miniature

Un système vivant, quel qu'il soit, ne peut se maintenir longtemps s'il épuise le milieu dans lequel il vit ou s'il accumule les déchets sous lesquels il croule.
Pour qu'un tel système affronte le temps, il faut qu'il fonctionne en cycle, et c'est évidemment le cas aussi bien dans l'écosphère que sur Terre : certaines écosphères fonctionnent depuis plus de 10 ans et la Terre abrite la vie depuis près de 4 milliards d'années. Notre planète, bien qu'incomparablement plus vaste et plus complexe, fonctionne sur les mêmes principes que l'écosphère.

La Terre est pratiquement isolée dans l'espace, et reçoit l'énergie du Soleil.

Poissons clowns à trois bandes : les tentacules urticants de l'anémone de mer les protègent.

Le vaisseau de la vie

Pour pouvoir survivre, les plantes, les animaux et les premiers hommes ont dû s'adapter et modifier les différents milieux de la Terre. Le vivant est ainsi parvenu à coloniser la mer et les continents, les pôles et les tropiques, s'installant même dans les déserts !

Le grand bleu

Les eaux du grand large occupent à elles seules 71 % de la surface de la planète Terre. D'une belle couleur bleue pour la plupart, elles constituent un immense désert liquide peu favorable à la vie.

petites crevettes planctoniques roses nommées krill

Les prairies de la mer

Les couches supérieures de l'océan, inondées de soleil, sont peuplées de millions de plantes microscopiques qui pratiquent la photosynthèse. Ces plantes appelées phytoplancton constituent les « prairies de la mer » consommées par des animaux microscopiques, le zooplancton (crevettes, larves de poissons ou petits crustacés).

Le plancton

Le plancton (du grec *planktos* : « vagabond ») est formé d'organismes qui se laissent dériver au gré des courants. Le plancton végétal, ou phytoplancton, est composé de végétaux microscopiques qui vivent dans les couches superficielles éclairées de l'océan. Le plancton animal, ou zooplancton vit dans des eaux plus profondes et remonte la nuit vers la surface pour se nourrir de phytoplancton, essayant ainsi d'échapper aux prédateurs.

Un plancton inégalement réparti

Le plancton n'est pas réparti uniformément dans l'océan mondial. Son abondance dépend de la quantité d'éléments nutritifs présents dans l'eau de mer. Ce n'est qu'à proximité des pôles et près de l'équateur dans le Pacifique que des remontées d'eaux froides profondes apportent de la nourriture en abondance et permettent la prolifération du plancton. Partout ailleurs, celui-ci ne se trouve qu'en faible quantité.

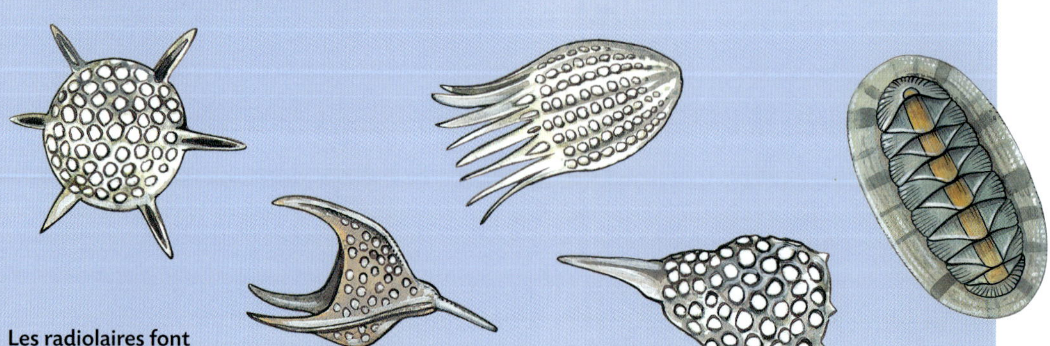

Les radiolaires font partie du zooplancton. Ils existent depuis 1,5 milliard d'années.

Les gros animaux

La faible quantité de plancton de l'océan mondial ne peut nourrir qu'un petit nombre de gros poissons : 10 tonnes de phytoplancton nourrissent 1 tonne de zooplancton, lequel sert de nourriture à 100 kg de petits carnivores, comme les anchois, les maquereaux, ou les sardines, qui alimentent 10 kg de gros carnassiers (thons, requins ou cachalots). La baleine, elle, recourt à une chaîne alimentaire très courte : elle se nourrit au large du continent antarctique de quantités énormes de krill, une minuscule crevette.

Dans la chaîne alimentaire qui s'étend du phytoplancton au requin, chaque animal mange celui qui est un peu plus petit et sert de nourriture à celui qui est un peu plus grand. Le requin n'a pas de prédateur, mais sa mort permettra aux éléments nutritifs issus de son corps d'enrichir le phytoplancton, bouclant ainsi le cycle de la vie.

Pourquoi l'océan est-il bleu ?

L'océan, ce désert de végétation, n'a pas assez de plantes à sa surface pour que ses eaux soient vertes. La lumière blanche du soleil pénètre ses eaux limpides et est absorbée peu à peu. Mais le bleu, moins absorbé que les autres couleurs, est plus diffusé par les particules contenues dans l'eau. Absorption et diffusion concourent donc à donner à l'océan sa belle couleur bleue.

Les surprises océanographiques

Les océanographes se sont longtemps demandé pourquoi l'océan, bien que pauvre en éléments nutritifs de surface, n'était pas couvert de plantes, seules capables de filtrer et d'accumuler ces éléments nutritifs dilués. Or, dans la mer très calme des Sargasses, prospère une algue de grande taille, le *Sargassum*. Nous savons aujourd'hui que les grandes plantes sont absentes des autres océans à cause du mouvement incessant de l'eau, qui perturbe leur fonctionnement.

Voici un atoll des mers tropicales. Le récif corallien en forme d'anneau entoure un lagon circulaire.

Oasis du grand large

Au sommet de volcans immergés, le vivant a constitué au cours de millions d'années des anneaux de calcaire, les atolls. Ces récifs coralliens fourmillent de vie.

Les récifs de corail

Les récifs de corail et les êtres vivants qui les peuplent forment l'écosystème le plus ancien de la Terre : il date de 300 à 500 millions d'années. On les trouve près de la surface, dans les eaux claires de tous les océans tropicaux du globe. Les coraux, comme les méduses ou les anémones de mer, sont des cnidaires (du grec *cnidê,* « ortie »). Ils vivent en association avec des algues et fabriquent un squelette calcaire foisonnant. C'est l'écosystème le plus riche de l'ensemble des océans.

Écosystème

Un écosystème est l'ensemble constitué par les organismes vivant dans un même habitat et leur milieu de vie : par exemple, une forêt et tous ses habitants, des arbres aux champignons, des cerfs aux punaises des bois.

De l'île volcanique à l'atoll

1. Au début, un récif se crée dans les eaux claires et peu profondes qui entourent un volcan situé dans l'océan tropical.

2. Puis le volcan s'enfonce sous son poids. Le récif continue de pousser pour se maintenir près de la surface, et profiter de la lumière du soleil.

3. Une fois le sommet du volcan enfoncé sous la surface, le récif forme un anneau entourant un lagon. La plate-forme de calcaire atteint souvent 1 000 mètres de haut !

Le règne de la coopération

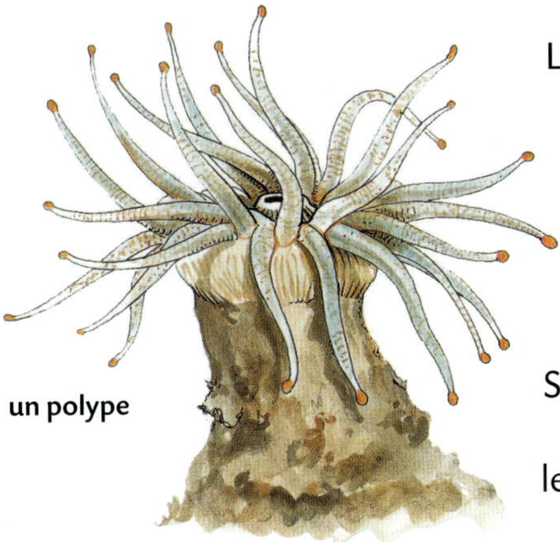

un polype

Les récifs coralliens sont le résultat du travail d'une multitude d'animaux au corps mou et aux tentacules urticants : les polypes. Chaque polype s'entoure d'une enveloppe de calcaire et tous sécrètent un gigantesque squelette commun, le banc de corail. Les polypes abritent dans leurs tissus des algues microscopiques (les zooxanthelles), avec lesquelles ils vivent en symbiose. Grâce à l'énergie du Soleil, les algues produisent de l'oxygène et des sucres utilisés par les coraux comme source d'énergie. En échange, les coraux leur apportent d'importantes quantités d'éléments nutritifs (dioxyde de carbone, sels minéraux, etc.).

La nourriture des coraux

Le jour, le polype est rétracté et ses tentacules n'apparaissent pas. Les zooxanthelles profitent de la lumière abondante pour pratiquer la photosynthèse et produire de l'oxygène et des sucres. La nuit, les tentacules du polype sont sortis. Le zooplancton passant à proximité est paralysé par les cellules urticantes portées par les tentacules, puis absorbé par l'animal.

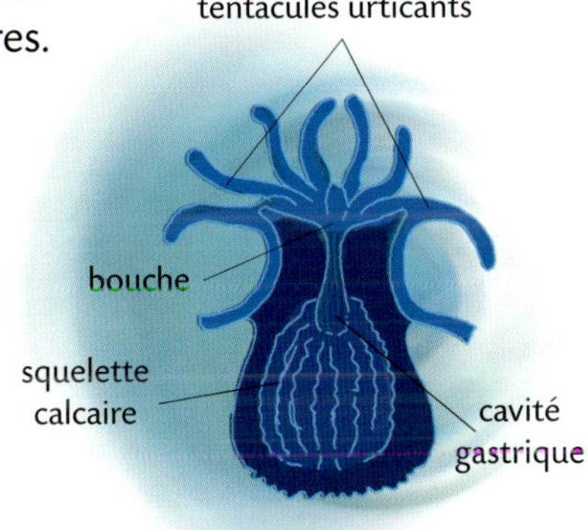

coupe d'un polype corallien

Une nourriture recyclée

Les eaux océaniques où se rencontrent les atolls sont pauvres en éléments nutritifs, comme les phosphates ou les nitrates. Aussi les plates-formes de corail doivent-elles prélever la moindre particule de substance nutritive qui balaie le sommet de l'atoll ou le traverse. Le corail utilise aussi les éléments nutritifs qui proviennent du volcan situé au-dessous. Une fois captés par les coraux, ces éléments rares sont activement recyclés.

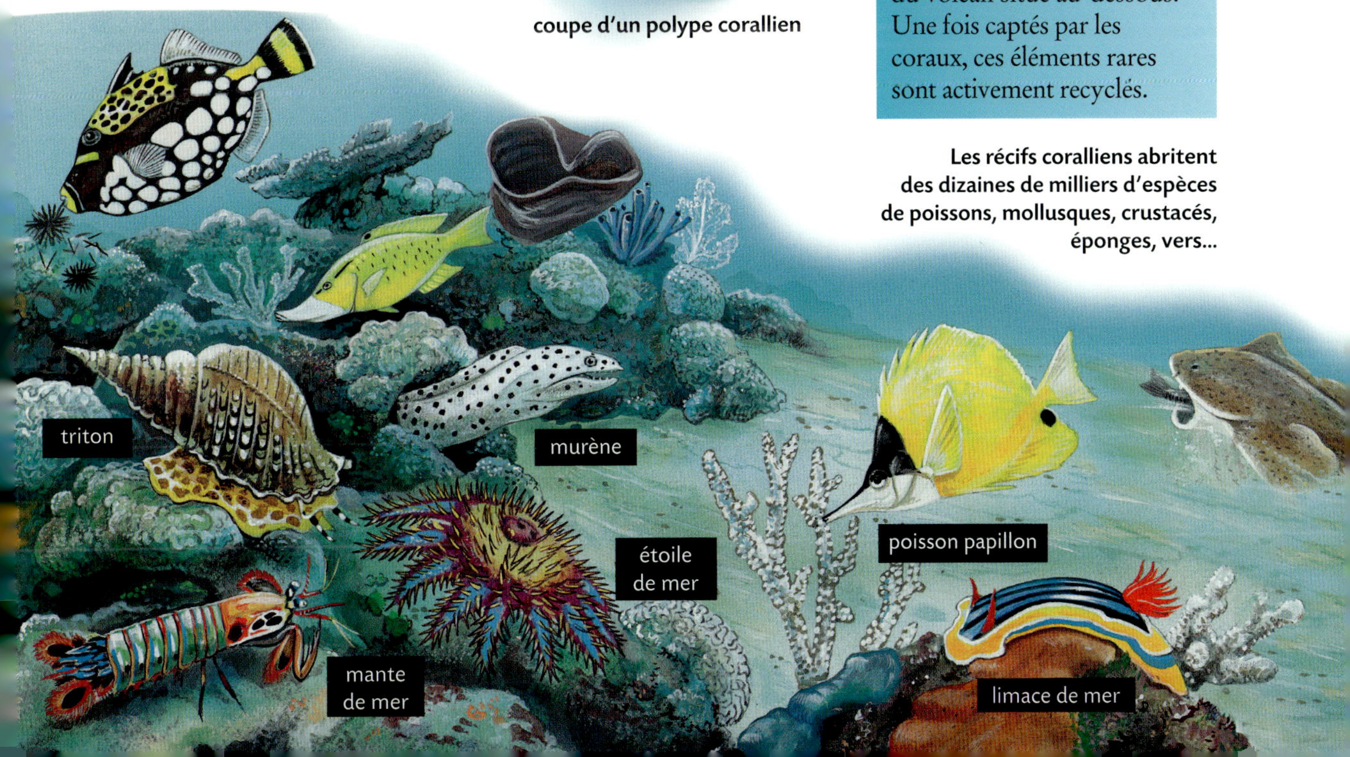

Les récifs coralliens abritent des dizaines de milliers d'espèces de poissons, mollusques, crustacés, éponges, vers...

Les abysses

Les scientifiques ont longtemps pensé que les grands fonds océaniques étaient des milieux hostiles à la vie. Mais en 1977, ils y ont découvert une vie grouillante, à 2 600 mètres de profondeur, autour de sources d'eaux chaudes.

Les geysers des grands fonds

Dans les abysses règnent l'obscurité complète et une pression énorme. La vie y est lente et dispersée, et les espèces souvent de petite taille. Mais dans l'étroite vallée centrale qui coupe le sommet des dorsales océaniques, le magma venu des profondeurs s'étale, se solidifie et se craquelle. L'eau de mer envahit alors ce réseau de fissures, se réchauffe et réagit avec la lave pour former un fluide hydrothermal noir, riche en métaux et sulfures, qui s'élève comme un geyser (source d'eau chaude jaillissante). Des cheminées se forment autour de ces geysers, par accumulation de dépôts.

Des oasis de vie

Autour des cheminées, qu'elles soient des fumeurs noirs (à haute température) ou des diffuseurs blancs (à température moyenne), gravite une population variée. En dehors des bactéries (qui sont les producteurs primaires), les océanographes ont décrit plus de 450 espèces d'invertébrés et de vertébrés vivant sur ou auprès de ces sources. On y trouve le ver de Pomepi, des vers de 2 mètres comme le *Riftia*, des moules énormes, des poissons, des crustacés, de grandes anémones de mer, des éponges, etc.

Le mystère des sources

L'absence de lumière rend la photosynthèse impossible à ces profondeurs. Les bactéries qui y vivent obtiennent l'énergie dont elles ont besoin en réalisant des réactions chimiques avec l'hydrogène sulfuré craché par les geysers. Ces bactéries, sans qui aucune autre forme de vie ne serait possible, vivent soit en liberté, soit en association avec les animaux évoluant à proximité de la source d'eau chaude.

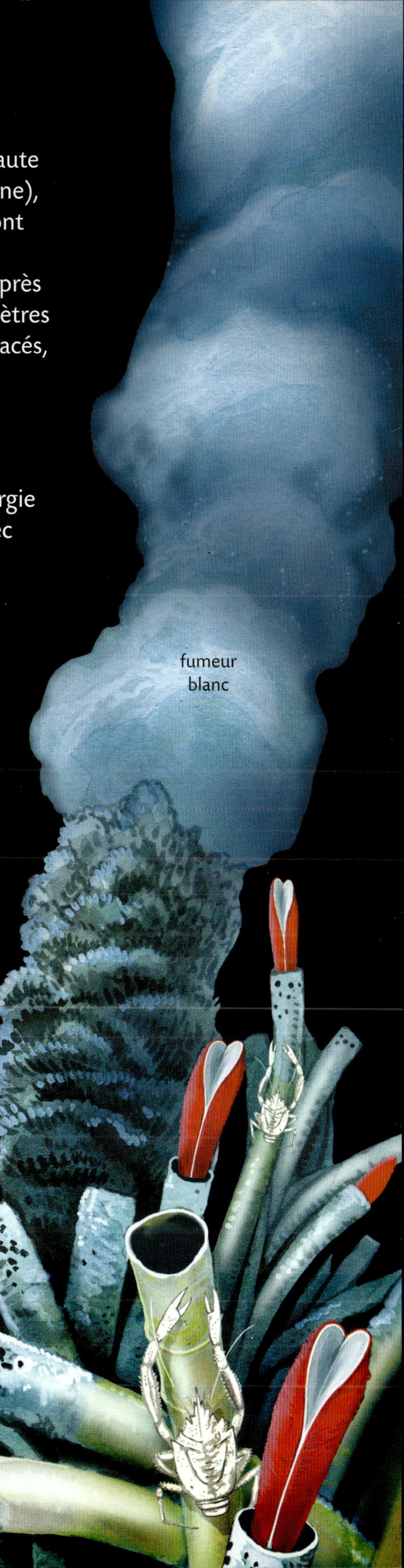

Se nourrir en association

Beaucoup d'animaux utilisent les services des bactéries en un échange à « bénéfice mutuel », la symbiose. C'est ainsi que le ver *Riftia* ne possède pas de tube digestif, mais abrite dans un organe spécial une grande quantité de bactéries : le ver absorbe les sulfures dissous dans l'eau et les fournit aux bactéries qui peuvent se développer. En échange, il utilise la matière organique que les bactéries fabriquent et se charge de l'élimination des déchets.

50 ans

Une source hydrothermale naît, vit et meurt en fonction de l'activité interne de la Terre. Les scientifiques estiment que les oasis abyssales vivent environ 50 ans. Les espèces mobiles sont donc contraintes de se déplacer pour éviter l'extinction, tandis que les espèces fixées ne peuvent que disparaître dans un environnement redevenu hostile.

Vies océanes

La vie des océans se concentre essentiellement près des côtes et au-dessus du plateau continental, particulièrement dans les régions de remontées d'eaux froides. Les eaux vertes grouillent de vie.

L'*upwelling*

Lorsque les êtres vivants de l'océan meurent, leurs cadavres et les matières qui résultent de leur décomposition tombent au fond. Les eaux profondes sont ainsi plus riches en substances nutritives que les eaux de surface. Quand l'action des vents ou des courants provoque une remontée de ces eaux profondes (*upwelling*), les nutriments parviennent dans la couche superficielle de l'océan, inondée de soleil. Ces zones sont alors extrêmement riches en poissons.

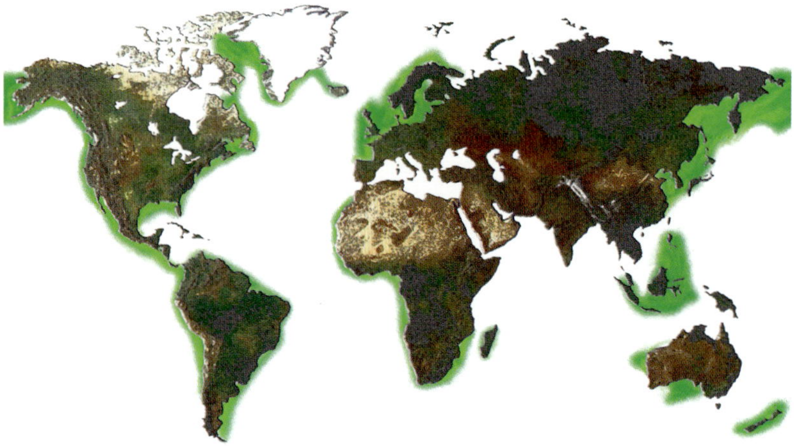

Cette carte montre les zones d'*upwelling*, les endroits où se concentre la vie des océans.

Le littoral

Les eaux peu profondes sont brassées par les courants de marée et les vagues, ce qui met en circulation une grande quantité de substances nutritives. Des déchets végétaux sont apportés par les fleuves. Dans ces eaux particulièrement riches se trouvent la quasi-totalité des mollusques et une grande partie des algues présentes dans les océans. Les oiseaux de mer viennent s'y nourrir, pondre ou se reposer.

L'écosystème « océan » et ses différentes chaînes alimentaires.

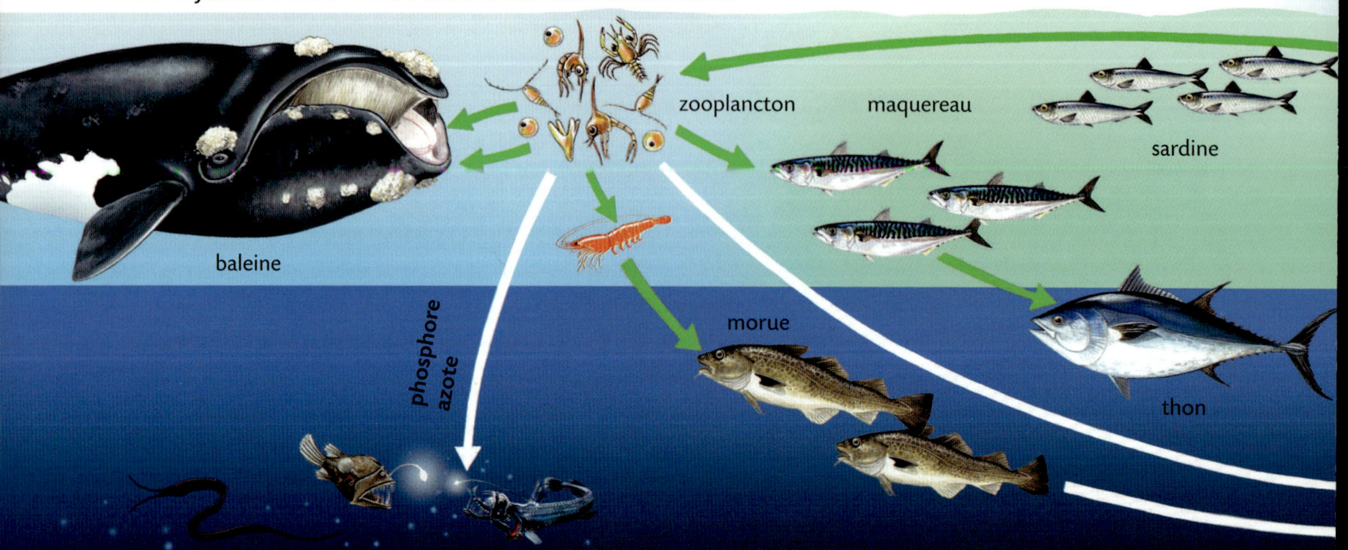

Terre-Neuvas

Les marins bretons ont longtemps pratiqué la pêche au large de Terre-Neuve, dans une zone particulièrement riche en poissons. Leur campagne durait six mois et permettait de rapporter des tonnes de morue, base de l'alimentation des gens pauvres de l'époque.

Les prairies de l'océan

La zone située près des côtes et au-dessus du plateau continental est elle aussi très riche en espèces vivantes. Elle contient la plupart des algues fixées au fond et abrite la majorité des espèces de poissons marins. Le phytoplancton prolifère à la surface, ce qui colore les eaux en vert. Il est consommé par le zooplancton, qui lui-même sert de nourriture à des poissons carnivores (harengs ou sardines). Ces derniers, à leur tour, sont mangés par les thons ou les requins.

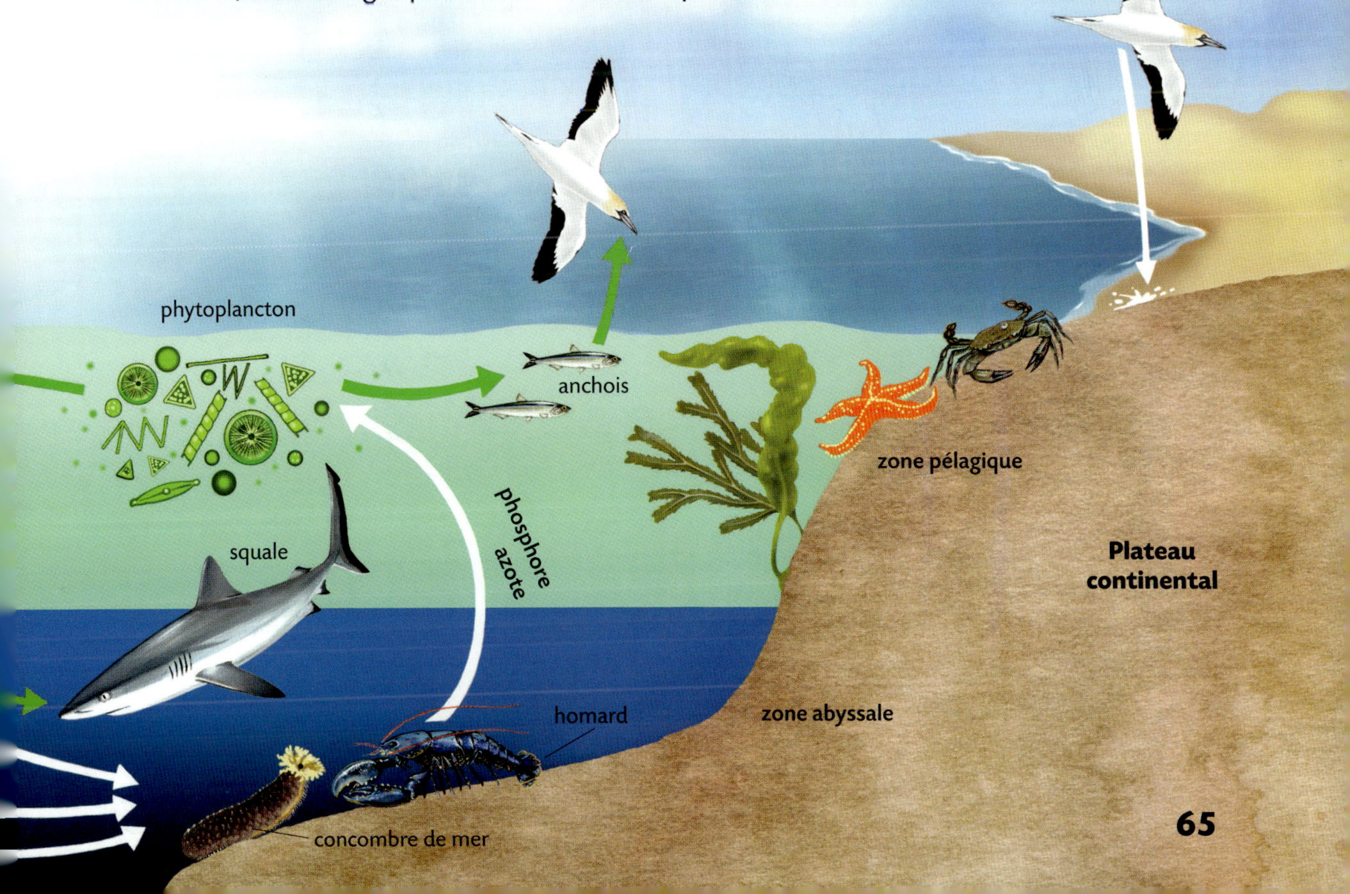

Au cœur de la mangrove

Les mangroves sont des forêts tropicales qui se situent à la limite entre océan et continent, et parfois au voisinage de l'estuaire des fleuves. Elles forment un écosystème diversifié et étonnant.

Des poissons étranges

Le poisson archer (*Toxotes jaculator*) est capable d'abattre un insecte posé sur une branche à 1,50 mètre sans sortir de l'eau. Il projette une giclée d'eau sur l'insecte, qui tombe et est avalé. Pour mieux ajuster son tir, il se positionne exactement sous sa proie. Le quatre-yeux (*Anableps*) a un œil double, dont une moitié permet la vision dans l'eau, l'autre celle dans l'air. Nageant en surface, il surveille le haut aussi bien que le bas. Le poisson amphibie (*Periophthalmus*) sort de l'eau et grimpe aux palétuviers grâce au mouvement de ses nageoires pectorales et de sa queue. Il puise son oxygène dans l'eau qu'il stocke et peut rester ainsi longtemps hors de son milieu naturel.

Le poisson archer attrape un insecte sans sortir de l'eau.

Le quatre-yeux à l'œil double voit à la fois dans l'eau et dans l'air.

Le royaume des palétuviers

Ces forêts sont principalement constituées de palétuviers. Capables de vivre dans l'eau de mer peu profonde, ces arbres sont adaptés à de fortes concentrations en sel, car leurs feuilles sont capables d'en éliminer l'excès. Les racines-échasses des palétuviers rouges ou les pneumatophores (tubes racines verticaux) des palétuviers noirs assurent l'ancrage dans le sol et les échanges gazeux nécessaires à l'oxygénation, dans un milieu où le sol est régulièrement couvert par la marée.

Crabes et méduses

Dans la mangrove, on rencontre des animaux étonnants. Chez les crabes violonistes (*Uca tangeri*), le mâle agite son unique pince pour attirer les femelles et éloigner les autres mâles. Posée sur le fond, la méduse cassiopée laisse flotter vers le haut ses tentacules urticants vers lesquels elle attire ainsi le plancton.

Le poisson amphibie est capable de sortir de l'eau et de grimper sur les racines des palétuviers.

La mangrove de Micronésie, royaume d'eau, de racines et de lumière.

Un milieu foisonnant

Les deux essentiels producteurs primaires de ce milieu sont un phytoplancton florissant et les palétuviers. La partie immergée des racines-échasses des palétuviers rouges est recouverte d'algues, d'éponges et d'anémones de mer. Des huîtres et des crabes s'en nourrissent et s'y abritent. Ce milieu sert aussi de nursery à de nombreux poissons d'eaux profondes, qui y trouvent un repas copieux et un abri. La vasière maritime est occupée par des prairies aquatiques denses. Algues et méduses prolifèrent. De grands animaux, comme les lamantins viennent brouter ces prairies.

Sur le Mékong et l'Amazone

Les mangroves les plus importantes se situent au voisinage des deltas du Mékong (Viêt-nam) et de l'Amazone (Amérique du Sud). Les eaux sont chaudes, bien éclairées et riches en nourriture. Mais ce niveau d'eau change et le fond fluide est formé de vase compacte. Le nombre d'espèces endémiques y est très élevé.

Cette cascade coule dans la forêt tropicale sur l'île de Lombok, en Indonésie.

Foisonnement des tropiques

La forêt tropicale est présente en Amérique du Sud, Afrique, Asie du Sud-Est, côte ouest de l'Inde. Elle abrite la plus grande biodiversité de la planète !

La forêt d'émeraude

La forêt tropicale a besoin d'une longue saison humide et d'une courte saison sèche. La température y est d'environ 26 °C, et les précipitations sont très importantes. La végétation est répartie en strates : les très grands arbres (40 à 50 mètres) dominent l'étage constitué d'arbres de 20 à 30 mètres, qui eux-mêmes surplombent l'étage des arbrisseaux (6 mètres). Des lianes enracinées dans le sol grimpent le long des arbres. Des plantes poussent sur les arbres sans aucun contact avec le sol : les épiphytes ont des racines aériennes, et des feuilles en entonnoir pour recueillir l'eau.

Un humus fragile

Au sol, les décomposeurs (champignons et bactéries) transforment les matières mortes (feuilles, cadavres d'animaux) en substances nutritives. Grâce à une température constante et élevée, cette transformation est rapide.
Les arbres absorbent les éléments minéraux immédiatement. Ainsi, la couche d'humus sur le sol est très fine. L'essentiel des éléments nutritifs est donc stocké dans les arbres eux-mêmes et non dans l'humus.
Donc, lorsqu'on abat les arbres, on exporte de manière irréversible les éléments nutritifs, ce qui appauvrit les sols.

La biodiversité

La forêt tropicale abrite un nombre incalculable d'espèces dont on ne connaît aujourd'hui qu'une petite partie. On estime que 50 à 70 % des espèces vivant sur Terre sont originaires des forêts tropicales humides.

Les Amérindiens Wâyapi en Guyane française.

Les derniers chasseurs-cueilleurs

Des Indiens habitent encore en parfaite autonomie dans la forêt tropicale amazonienne. Ils vivent en communauté, en général en bordure de rivière, dans des habitations en bois et couvertes de feuilles. Les femmes s'occupent de la cuisine et des enfants. Les hommes chassent à la sarbacane ou à l'arc ; ils utilisent des flèches empoisonnées au curare, un poison violent qu'ils extraient d'une liane. Ils ne disposent pas d'hameçons, mais pêchent à l'arc, au javelot ou prennent les poissons dans des nasses. Ils connaissent très bien les plantes et savent les utiliser pour chasser et pour se soigner.

Le radeau des cimes

Dans les années 1980, un pilote d'aérostat, un professeur et un architecte ont mis au point un drôle d'engin : le radeau des cimes. Cette structure gonflable couplée à une montgolfière permet de se poser sur la canopée (sommet des arbres) des forêts tropicales. Les scientifiques ont pu découvrir ainsi de nouvelles espèces animales et végétales.

Dans les hautes herbes de la savane

Les longues saisons sèches des climats tropicaux sont favorables à la croissance d'herbes dures et hautes. Ces immenses étendues sont peuplées d'herbivores, de carnivores et de charognards parfaitement adaptés au milieu.

Le lion, roi de la savane.

Avec leurs longues pattes, les impalas ont une silhouette fine et élégante.

Le domaine de l'herbe

La savane connaît de longues saisons sèches (7 à 9 mois) et de courtes saisons humides (3 à 5 mois), avec des précipitations de l'ordre de 500 à 800 mm par an. Elle est essentiellement constituée de hautes herbes (80 cm) et clairsemée de quelques arbres et arbustes. Les arbres ont des feuilles petites et épaisses, pour limiter la perte d'eau. Les troncs peuvent être renflés pour servir de réservoir d'eau. Le tronc du baobab peut contenir jusqu'à 120 000 litres d'eau !

Le paradis du sabot

La savane abrite une grande variété de mammifères à sabots, les ongulés. Chacun occupe une niche écologique, c'est-à-dire une place unique dans l'écosystème. À eux tous, ils utilisent pleinement le milieu. Ainsi, les antilopes ne consomment pas les mêmes herbes que les zèbres ou les gnous. Les girafes se nourrissent des feuilles les plus hautes et ne gênent pas les rhinocéros, qui mangent les plus basses.

Une végétation qui se défend

Lorsque les feuilles de l'acacia sont consommées par un herbivore, elles émettent un signal d'alarme chimique capté par les acacias des alentours. Ceux-ci produisent alors des tanins qui empoisonnent leurs feuilles : l'animal doit donc aller trouver ailleurs des feuilles comestibles. De même, l'herbe à buffles sécrète, pour se défendre des insectes, une substance chimique qui entraîne des malformations.

Les minuscules termites sont capables de bâtir de gigantesques abris : les termitières.

Cette girafe de Rothschild vit au Kenya.

Prédateurs et charognards

Lions et léopards consomment les herbivores de la savane : antilopes, gnous, impalas… et occupent le troisième maillon de la chaîne alimentaire. Les charognards (hyènes et vautours) assurent quant à eux un rôle de nettoyage en consommant les cadavres des animaux.

Professionnels du recyclage

Les termites sont les principaux décomposeurs du milieu. Ces insectes se nourrissent de deux façons différentes. La première est la consommation directe des végétaux. Les bactéries contenues dans leur système digestif décomposent la cellulose et la leur rendent assimilable. La seconde consiste à accumuler des débris végétaux dans la termitière : des champignons se développent sur les débris et dégradent la cellulose. Ce travail terminé, les termites viennent se servir en nourriture « prédigérée ». À eux seuls, ils consomment plus de végétaux que tous les herbivores de la savane réunis !

Le parc du Hoggar dans le désert du Sahara, en Algérie.

Le pays de la soif

Dans les déserts, les conditions naturelles sont d'une rigueur extrême. Le vivant a dû mettre au point une grande diversité de stratégies pour arriver à s'y maintenir.

Une couverture végétale insuffisante

Les déserts reçoivent moins de 250 mm d'eau par an. La pluie tombe de façon irrégulière et le bénéfice en est limité par la sécheresse de l'air et l'évaporation. La plupart des déserts sont chauds et les maxima atteignent des valeurs extrêmes (57 °C dans la Death Valley, aux États-Unis). Tous souffrent d'une absence de couverture végétale continue.

À la recherche de l'eau

Les plantes ligneuses du désert, comme la welwitshia, ont leur racine principale qui s'enfonce loin dans le sol afin d'atteindre les eaux profondes. D'autres profitent de la rosée ou des pluies occasionnelles grâce à un réseau de racines superficielles.
Les plantes désertiques se sont adaptées : leurs épines et leur « peau » épaisse limitent l'évaporation, tout en les protégeant des herbivores. Les plantes succulentes (les plantes grasses) font des réserves d'eau importantes grâce à leur tissu spécial très épais : le cactus mamillaire stocke ainsi 800 litres d'eau et assure la photosynthèse grâce à ses tiges et son tronc, car il n'a pas de feuilles.

Les grandes feuilles de la welwitshia captent l'humidité matinale.

Les Bochimans du Kalahari

Peuple d'Afrique du Sud, les Bochimans ont été repoussés par la colonisation dans le désert du Kalahari. Ces chasseurs-cueilleurs y pratiquent le partage des tâches : la chasse est l'affaire des hommes, la cueillette (70 % de leur alimentation) celle des femmes.
Les Bochimans savent utiliser toutes les ressources d'un milieu où la végétation est clairsemée et les animaux peu nombreux. Ils pratiquent un nomadisme cyclique, partagent eau et nourriture, et ne prélèvent qu'une partie des plantes et des animaux (antilopes, lièvres, oiseaux, reptiles) disponibles, afin de préserver leurs ressources à long terme.

La faune désertique

Pour échapper au soleil, la plupart des animaux se terrent. Dès que le soir descend, les fennecs, insectes, rongeurs, serpents et scorpions partent en chasse. La plupart ne boivent pas, se contentant de l'eau contenue dans leur alimentation. Certains (comme la gerboise ou le rat-kangourou) économisent tellement leur eau qu'ils ne rejettent qu'une urine très concentrée et des excréments secs.

Ce petit fennec aux grandes oreilles, appelé aussi renard des sables, vit au Sahara.

Des insectes cachés sous le sable

Les insectes qui vivent dans ces contrées désolées ont une peau plus épaisse, la cuticule, que les autres insectes, leur permettant de limiter les pertes d'eau. Certains coléoptères respirent par des orifices placés sous les ailes : l'air est ainsi refroidi et humidifié. Lorsque la température au sol monte à 70 °C, les insectes des déserts s'enfoncent dans le sable.

Fabrique un alambic solaire

Cet alambic permet d'obtenir de l'eau dans le désert et même dans ton jardin.

- **1 feuille de plastique de 2 m² environ**
- **1 petit récipient : seau**
- **Des cailloux**

1. Creuse un trou en forme de cône de 1 m de diamètre et de 50 cm de profondeur, dans le jardin en plein soleil. Au fond, place le petit récipient et couvre le tout avec une feuille de plastique transparent.

2. Une fois la feuille en place, fixe son pourtour avec de la terre et des cailloux.

3. Place un caillou au milieu de la feuille de plastique, juste au-dessus du récipient. La chaleur du soleil va faire évaporer l'humidité du sol. Celle-ci va se condenser sous la feuille de plastique en formant de nombreuses gouttelettes qui tomberont dans le seau.

La forêt boréale

Située entre les zones tempérées et les pôles, la forêt boréale est dominée par des arbres adaptés au climat froid. Les espèces y sont peu nombreuses.

Le royaume de l'hiver

Dans ces forêts, l'hiver est long et très froid, l'été court et souvent chaud. On y rencontre les plus grands arbres du monde. Ce sont ces forêts qui produisent les plus grandes quantités de bois de la Terre. Dans le Nord, les conifères dominent ; dans l'hémisphère Sud, ce sont les hêtres australs, dont les feuilles ressemblent aux aiguilles des conifères.

La forêt boréale du Canada s'étend sur toute la longueur du pays, du Yukon jusqu'au Labrador.

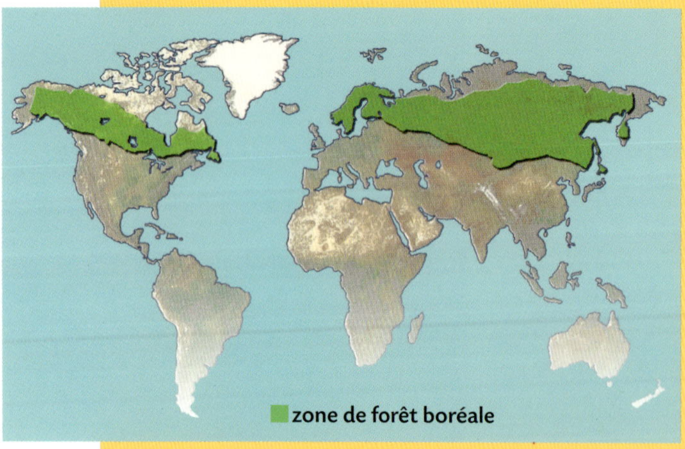

La plus vaste forêt du monde

Pour croître, la forêt boréale exige deux mois consécutifs sans gelée avec des températures moyennes supérieures à 10 °C. Elle forme une zone continue en Eurasie ainsi qu'en Amérique du Nord, et entoure les Alpes entre 1 500 et 2 000 mètres. Ces divers ensembles constituent les plus vastes formations forestières existant sur Terre.

Le lynx est un félin de la taille d'un gros chat, aux oreilles pointues. C'est le prédateur du lièvre variable.

Les résineux et le gel

En hiver, les arbres entrent dans une période de repos, ce qui leur permet de se protéger du froid et du gel. Les feuillus perdent leurs feuilles afin de limiter la surface d'échange. Pour les résineux, c'est différent : la résine les protège du gel et leur permet d'assurer au ralenti la photosynthèse grâce à leurs aiguilles.

Des espèces rares

Les sols sont pauvres, car la litière épaisse et acide se décompose mal. Dans les forêts boréales, on trouve des épicéas, des pins, des mélèzes, des bouleaux, des saules, dont les graines sont transportées par le vent. Celles-ci sont consommées par des écureuils, des geais, des casse-noix qui les mettent en réserve pour l'hiver. Les animaux dominants sont les insectes, lièvres et élans : tous se nourrissent de feuilles.

Le lynx et le lièvre

Le nombre de lynx du Canada diminue puis augmente régulièrement tous les 9 à 11 ans. Ces oscillations suivent avec un décalage celles de sa proie principale, le lièvre variable. En effet, lorsque les lynx sont rares, les lièvres se reproduisent en toute tranquillité et pullulent. Les lynx, disposant alors de nourriture en abondance, se reproduisent eux aussi. Leur population augmente et les lièvres, surchassés, se raréfient. Résultat : manquant de nourriture, les lynx deviennent rares, et le cycle peut recommencer.

Les élans qui vivent dans la forêt boréale se nourrissent de feuilles.

L'empire du froid

L'Arctique est la région du globe située le plus au nord. Malgré l'âpreté du climat, de nombreuses espèces animales se sont adaptées à cet environnement inhospitalier.

Un climat rude

Les températures des régions arctiques ne sont positives que trois mois par an. Le reste du temps, la neige, la glace, le sous-sol gelé en permanence interdisent la croissance des arbres. On n'y rencontre donc que des mousses, des lichens, des bruyères, etc. Pendant les quelques semaines d'été, seule pousse une végétation maigre à base de plantes herbacées.

Des eaux riches

Près des pôles, et malgré le faible éclairement solaire, les eaux sont riches en phytoplancton venu des fleuves et des remontées d'eaux profondes océaniques. Krill et crevettes disposent ainsi d'une nourriture abondante et alimentent, plus haut dans la chaîne alimentaire, calmars, morues, oiseaux et mammifères. Au sommet, les ours blancs, les baleines à dents et les Inuits consomment poissons, oiseaux et phoques.

Les lichens

Le lichen est une association à bénéfice mutuel (symbiose) entre un champignon et une algue. Le champignon fournit à l'algue un abri, ainsi que de l'eau, des sels nutritifs et des vitamines. En échange, l'algue fabrique par photosynthèse les sucres qu'absorbe le champignon. Les lichens sont répandus sur toute la Terre et forment la dernière végétation qu'on rencontre vers les pôles et en altitude.

Ours polaires sur un champ de glace.

Les chasseurs inuit

La civilisation inuit (*Inuit* veut dire « être humain ») s'étend autour de l'océan Arctique en Sibérie, au Groenland et en Amérique du Nord. Les Inuits vivent de la pêche et surtout de la chasse. L'été ils vivent sous des tentes, l'hiver dans des habitations semi-enterrées. Ils vont à la chasse armés d'arcs ou de harpons, et se déplacent en traîneaux tirés par des chiens l'hiver, en canots (oumiak ou kayak) l'été. Cette façon de vivre, élaborée il y a 4 000 ans, décline en raison de l'influence de la culture occidentale.

Village d'igloos inuit dans l'Arctique.

Une civilisation du phoque

La chasse au phoque est pratiquée en faisant un trou dans la glace. Le chasseur guette le moment où l'animal vient respirer pour le harponner. Le phoque procure de la nourriture aux hommes et aux chiens de traîneau. Sa graisse protège du froid et alimente les lampes. Son foie cru est une indispensable source de vitamines. Sa peau sert à fabriquer vêtements et tentes, ses os des aiguilles, ses tendons des fils.

Protège tes yeux comme un Inuit

Pour éviter la réverbération intense du soleil sur la neige, les Inuits protègent leurs yeux avec une écorce de bouleau fendue.

- **1 écorce de bouleau (ou à défaut du carton épais et souple)**
- **Ficelle ou élastique, ciseaux**
- **1 agrafeuse**

1. Entaille 2 fentes étroites dans l'écorce pour les yeux.

2. Agrafe une ficelle ou un élastique. C'est prêt !

Paysans du Bangladesh portant des paquets de jute, matériau utilisé pour réaliser des tissus, des cordes et des sacs.

Au rythme des

Les diverses formes d'agriculture sont apparues, il y a 10 000 ans, au Néolithique. Elles utilisent beaucoup de main-d'œuvre et perdurent aujourd'hui presque inchangées, faisant vivre un grand nombre de populations.

saisons

Agriculteurs des Andes

Depuis des millénaires, les hommes et les femmes vivant dans les Andes cultivent en altitude le maïs et la pomme de terre, et élèvent le lama.

Adaptés à l'altitude, les lamas sont indispensables. Les Andins mangent leur chair, utilisent leur laine pour les vêtements, le cuir pour les chaussures, les os pour les outils...

Les hommes s'adaptent

Les Indiens des Andes sont bien adaptés à l'altitude : leur volume thoracique est plus important que celui des habitants des plaines et leur sang possède une concentration d'hémoglobine (la protéine qui transporte l'oxygène vers les tissus) plus élevée. Ils sont ainsi capables de mieux respirer dans un air pauvre en oxygène.

Vivre en altitude

La cordillère des Andes est une immense chaîne de montagnes d'Amérique du Sud qui longe la côte du Pacifique sur 7 500 km. Comme partout ailleurs, à mesure que l'on monte, les conditions naturelles changent (la pression et la température baissent), ce qui entraîne une modification des paysages et des cultures. Depuis des millénaires, ces montagnes ont été le siège de brillantes civilisations, comme celle des Incas. Aujourd'hui encore, elles sont très peuplées, en grande partie grâce à leur climat plus sain que celui des basses terres tropicales, soumises au paludisme.

Le lac Titicaca

Avec 100 habitants au km^2, le pourtour du lac Titicaca, à 3 800 mètres, est une des régions les plus peuplées des Andes. Dans les champs et les terrasses hérités des Incas, on cultive des fèves, des pommes de terre et la quinoa (céréale très riche en protéines), jusqu'aux sommets les plus abrupts. Le seul outil utilisé par les Indiens est la *tacla*, une houe inchangée depuis des siècles.

Les terres d'altitude moyenne (1 000 à 3 000 mètres) produisent le maïs. Sur les hautes terres (3 000 à 4 500 mètres) poussent l'orge, le blé, les céréales locales et les pommes de terre.

L'empreinte de l'homme

Les populations andines ont construit depuis des millénaires des plates-formes en terrasses, les *andenes*, qui, en montagne, facilitent l'agriculture.
Un réseau d'irrigation de centaines de kilomètres de long permet, grâce à un système de canaux et d'aqueducs, d'apporter l'eau des glaciers voisins ou de la nappe phréatique. Les terres sont enrichies par l'utilisation de déchets et en particulier de guano, formé de fientes d'oiseaux de mer qui s'accumulent sur les îles, non loin de la côte.

Au cœur du désert

Espace habité, irrigué et cultivé au sein d'un monde désertique, l'oasis est un système de cultures millénaire, témoin de l'obstination des hommes à occuper les milieux les plus hostiles.

Un potager dans l'oasis d'Addar, en Mauritanie.

L'alimentation en eau

L'eau qui alimente l'oasis peut venir de sources abondantes, ou de nappes phréatiques exploitées par un puits. Souvent, un système de galeries souterraines en pente légère permet de capter la nappe d'eau et de la faire couler dans l'oasis. Ce système, appelé au Sahara *foggara,* est inspiré d'une technique hydraulique des Perses : le *qanat*. Cet ingénieux procédé évite au maximum l'évaporation.

Une culture en étages

À l'ombre des palmiers dattiers (les « arbres de vie ») poussent les arbres fruitiers (figuiers, grenadiers, orangers). Dessous, sont cultivés des légumes pour la consommation locale et la vente sur le marché hebdomadaire, de la vigne et des plantes fourragères (trèfle, luzerne) destinées aux animaux.

Une distribution équitable

Pour se répartir l'eau issue de la *foggara*, à la sortie du bassin de réception, les « oasiens » ont mis au point un système aussi efficace qu'esthétique : les peignes. L'eau est également répartie dans des rigoles qui l'emmènent jusqu'à chaque bassin individuel et se trouve ainsi à la disposition du cultivateur pour irriguer ses cultures.

Le dromadaire est bien adapté au milieu désertique : la température de son corps descend la nuit et remonte lentement le jour, ce qui limite ses besoins en eau : il peut marcher 350 km sans boire !

Un lieu de rencontre

Les oasis ont constitué pendant des millénaires des lieux de rencontre pour les caravanes de marchands (principalement de sel) qui traversaient le désert. Les éleveurs nomades (Bédouins d'Arabie, Touaregs du Sahara), toujours à la recherche de nouveaux pâturages pour leurs troupeaux, viennent encore y abreuver leurs moutons, chèvres et dromadaires.

Fabrique un chadouf

Le chadouf est un système ancien qui permet de puiser l'eau dans un puits.

- **2 branches fourchues, 2 perches**
- **1 sceau d'eau, 1 sac de sable, grosse ficelle**

1. Plante deux branches fourchues à 1 mètre l'une de l'autre.

2. Sur ces deux branches, pose une perche sur laquelle tu vas fixer une autre perche de 4 mètres fixée au quart de sa longueur.

3. Suspends un seau plein d'eau à une extrémité et un sac en plastique plein de sable. Le chadouf est prêt à fonctionner lorsque sa perche est équilibrée.

La fécondation des palmiers

Il existe des palmiers mâles et des palmiers femelles. On peut cultiver un pied mâle pour cinq femelles et laisser la fécondation se faire grâce au vent. Cependant, pour augmenter le rendement, les « oasiens » ne cultivent que quelques mâles et recueillent leurs fleurs qui contiennent le pollen pour placer à la main un brin mâle dans chaque fleur femelle. Ce travail, très long est dangereux, puisqu'il se déroule en hauteur. Il est néanmoins vital !

Les cases traditionnelles Somba au Bénin, sont en voie de disparition.

Paysans des savanes

Pendant des siècles, les habitants des savanes africaines ont vécu en bonnes relations avec leur milieu, malgré la saison sèche et les sols peu fertiles.

Un village central

Les agriculteurs vivent dans des villages organisés autour d'une place centrale, souvent dominée par un arbre à palabres. Les maisons ont des murs faits de pisé (terre et cailloux) et des toits de chaume. Autour d'une cour se trouvent greniers, étables, remises et habitations. Ces *airials* sont regroupés en quartiers. Les femmes vont chercher l'eau et le bois, tandis que les hommes chassent, travaillent aux champs... et discutent sous l'arbre à palabres.

Des cultures en auréoles

Dans les potagers situés près des cases, les femmes cultivent légumes et fruits. À l'extérieur du village, les hommes cultivent les champs de céréales, comme le mil, le millet et le sorgho. Les agriculteurs utilisent les instruments traditionnels : houe et faucille. Pour rendre leur terre fertile, ils incendient la savane : les cendres mélangées à des feuilles servent d'engrais. Mais cette agriculture sur brûlis épuise la terre, qui doit être laissée au repos pendant plusieurs années : c'est la jachère.

Les éleveurs nomades

Les éleveurs de la savane se déplacent constamment avec leurs troupeaux sur de très vastes territoires, à la recherche des pâturages qui reverdissent grâce aux pluies saisonnières. Ils se nourrissent du lait et de la viande de leur bétail. Pour obtenir les aliments complémentaires, comme les céréales, ils vendent le lait et parfois une bête. La cohabitation entre éleveurs et sédentaires n'est pas facile : les éleveurs méprisent le travail agricole et les agriculteurs reprochent aux troupeaux de détruire leurs récoltes.

Les bergers massaïs de Tanzanie font souvent des dizaines de kilomètres pour amener boire leurs chèvres et leurs zébus.

Greniers en terre aux toits de paille de mil, dans le village de Tirelli, en pays dogon, au Mali.

La pression de la démographie

Depuis quelques dizaines d'années, la population des savanes augmente, accroissant la pression des hommes sur le milieu : les terres autrefois laissées en jachère sont désormais cultivées, ce qui, sans apport d'engrais, épuise les sols. Par ailleurs, la surexploitation des bois entraîne leur disparition. Le désert gagne ainsi sur la savane.

Lutte contre la désertification

Pour sauver leur milieu de vie, les hommes des savanes luttent contre l'érosion des sols et l'avancée du désert en plantant des arbres et en développant l'irrigation. Ils augmentent ainsi la production agricole sans perturber le milieu.

Cultiver la forêt équatoriale

Les habitants des forêts équatoriales pratiquent depuis très longtemps une agriculture itinérante sur brûlis : les clairières dégagées par le feu sont cultivées pendant quelques années, puis laissées au repos pour permettre à la forêt de se reconstituer.

Petit village d'agriculteurs de forêts.

Une agriculture temporaire

Après l'ouverture d'une clairière par le feu, la parcelle est mise en culture pendant une durée moyenne de deux ans. Puis le champ est mis au repos pour une longue période, ce qui permet à la forêt de se reconstituer. Dans l'agriculture itinérante, il y a donc simultanément trois parcelles en travail : la parcelle de l'année en pleine production, celle de l'année précédente moins productive et celle qui produira l'année suivante et qu'on est en train de défricher.

Entre les souches

Pour permettre à la forêt de se reconstituer, les agriculteurs gardent les souches lorsqu'ils abattent les arbres. La culture s'effectue entre ces souches, ce qui évite le tassement du sol, ainsi que la circulation de l'eau entre les racines. Les paysans cultivent diverses plantes : bananiers, tubercules ou riz, comportant des dizaines de variétés différentes. Une telle diversité, qui résulte d'une maîtrise de l'agriculture dans ces conditions difficiles, constitue un patrimoine génétique irremplaçable.

Depuis 8 000 ans

La culture sur brûlis dans la forêt équatoriale est itinérante. Elle exige de longues jachères et la préservation d'arbres utiles. C'est ainsi que les forêts tropicales humides ont été façonnées par les actions des hommes et le climat de la Terre, au cours des 8 000 dernières années.

Reconstitution de la forêt

Le maintien de la forêt est assuré par deux techniques : d'une part, lors du défrichement, les arbres jugés intéressants sont conservés. D'autre part, la jachère n'est jamais totalement abandonnée : les hommes y cueillent les plantes sauvages, ramassent le bois mort et exploitent les arbres conservés. Et surtout, ils l'enrichissent en sélectionnant les plantes de reconquête (par désherbage) et en y facilitant la repousse d'arbres utiles. C'est ainsi que les paysans transforment la jachère en verger.

Un cultivateur dans la forêt, au Cameroun.

Brûlis et disparition de la forêt

L'agriculture sur brûlis traditionnelle est itinérante et temporaire. Elle façonne les paysages sans nuire à la nature. Elle est parfaitement adaptée aux pays en voie de développement ayant une faible densité de population. Il ne faut pas la confondre avec les défrichements par le feu pratiqués par les colons qui font disparaître la forêt pour créer de grandes exploitations agricoles.

La civilisation du riz

Dans l'Asie des moussons, les plaines, les deltas et même les flancs des montagnes sont quadrillés de champs plats et inondés là où l'on cultive le riz. Cette culture intensive, très minutieuse, demande beaucoup de travail et une main-d'œuvre importante.

Femmes plantant du riz dans une rizière à Madagascar.

La mosaïque des champs

Dans les plaines inondables de l'Asie des moussons, les champs sont situés au-dessous du niveau du fleuve et protégés par des digues. Le fleuve est donc canalisé, et les arbres presque absents du paysage : ils ne se trouvent qu'en bordure des digues et des canaux. Les champs sont entourés de diguettes qui permettent à chaque propriétaire de contrôler le niveau de l'eau. Digues et diguettes nécessitent un constant effort d'entretien et de surveillance : elles sont le fruit du travail persévérant de générations de paysans.

Une agriculture efficace

Les paysans de l'Asie des moussons utilisent encore de nombreux outils traditionnels, comme la faucille ou l'araire en bois tirée par un buffle. Ces techniques de culture sont extrêmement efficaces. Et la production de chaque tonne de riz ne nécessite aucune dépense d'énergie fossile.

Révolution verte

Beaucoup de paysans asiatiques utilisent aujourd'hui des engrais chimiques et des semences sélectionnées. Les rendements agricoles progressent, ce qui permet aux paysans de mieux se nourrir, de vendre des surplus et de développer des élevages. C'est la « révolution verte » qui a sauvé l'Inde des grandes famines. Mais cette agriculture devra évoluer vers une baisse de la consommation de pesticides, d'engrais et d'eau pour devenir viable à long terme.

Le cycle du riz

Le climat tropical et ses pluies abondantes permettent souvent deux récoltes de riz dans l'année : on prépare la rizière par un labourage puis un hersage, pendant que le riz commence à pousser dans les pépinières, où il est semé très serré. Puis il est repiqué dans des champs plus vastes et régulièrement désherbé avant d'être moissonné. Le cycle peut alors recommencer. La fertilité des rizières est assurée par l'utilisation de fumures animales et humaines, et par l'épandage de boues.

Culture en terrasses à Guo Shengkun, en Chine.

Rizières en terrasses

Dans de nombreuses îles montagneuses d'Asie, à Java par exemple, les flancs des volcans sont aménagés en terrasses. Un système de canaux les draine ou les irrigue suivant la saison. Le contrôle de l'eau de pluie et la richesse des sols permettent des rendements élevés. Cette riziculture utilise peu d'eau. On parle alors de « rizière sèche ».

Chantier de construction à New York. Le socle granitique de la ville a permis l'édification d'immeubles gigantesques.

Cités et

machines

En deux siècles, une grande partie de la Terre s'est transformée : alimentée par l'énergie fossile, l'industrie a connu une croissance fulgurante, les villes se sont étendues, l'agriculture et les transports métamorphosés, et les milieux naturels ont été bouleversés.

New York, métropole mondiale

Aujourd'hui, la moitié de l'humanité vit dans les villes. Parmi ces cités, New York, l'une des plus peuplées, a un rayonnement industriel, financier et culturel qui s'étend à l'ensemble de la planète.

La mégalopole de New York

La ville fait partie d'un ensemble urbain qui s'étend de Boston à Washington en passant par Philadelphie et Baltimore. Cette mégalopole mesure 600 km de long et regroupe 50 millions d'habitants.

Une position stratégique

Difficile à atteindre par les voiliers qui venaient d'Europe et qui, portés par les alizés, préféraient voguer plus au sud, la ville a commencé à grandir avec l'arrivée des navires à vapeur, au milieu du XIXe siècle. Son emplacement est particulièrement favorable puisque New York est située au débouché du sillon Hudson-Mohawk, vallée glaciaire qui est le seul passage commode entre la côte est et l'intérieur des États-Unis. Enfin, le port est bien protégé de la houle par la grande île de Long Island.

La *city* de New York, avec ses gratte-ciel d'aluminium et de verre.

Situé entre la 42e rue et Brodway, Time Square est l'un des quartiers les plus animés au monde.

Un rayonnement mondial

L'influence de New York se fait sentir bien au-delà des limites de la cité : les journaux, comme le *New York Times* ou le *Wall Street Journal*, sont particulièrement influents, et la bourse de Wall Street est la première du monde. New York possède deux aéroports importants et un port situé au vingtième rang mondial.

Entre centre et périphérie

La ville possède le plan en damier caractéristique des villes nord-américaines, avec des rues orientées est-ouest et des avenues orientées nord-sud. Le centre des affaires (la *city*) est le domaine des gratte-ciel, immenses immeubles de bureaux qui regroupent administrations et sièges sociaux des grandes entreprises. Les faubourgs sont peuplés d'immeubles bas et plus pauvres. Les banlieues pavillonnaires s'étendent autour, avec leurs maisons individuelles basses et les voies rapides qui les relient au centre-ville.

Vue aérienne du sud de l'île de Manhattan, avant le 11 septembre 2001.

Le 11 septembre 2001

Symbole de la puissance américaine, le quartier de Manhattan a connu une attaque terroriste particulièrement meurtrière menée contre les tours jumelles du World Trade Center (443 mètres). Après avoir détourné deux avions, des terroristes islamistes leur ont fait percuter les deux tours, entraînant leur effondrement et la mort de milliers de personnes.

Le Caire, ville en développement

La plus grande métropole d'Afrique, Le Caire, est représentative des villes des pays du Sud, au même titre que Rio, Bombay ou Dakar. Les quartiers modernes y côtoient des bidonvilles peuplés de paysans, venus chercher de meilleures conditions de vie.

Les quartiers traditionnels du Caire avec leurs nombreux minarets.

« La ville aux mille mosquées »

Le Caire est situé au bord du Nil, à 180 km de la Méditerranée. Le climat est désertique, puisqu'il ne pleut en moyenne que dix jours par an. La ville, que les Arabes appellent al-Qahira (« la triomphante »), compte de nombreux monuments, comme l'université El-Azhar et des mosquées millénaires. Elle garde donc des traces de trois civilisations : antique, chrétienne et musulmane.

Une ville surpeuplée

L'agglomération est passée de 3,5 millions d'habitants en 1960, à 16,4 millions aujourd'hui. Cette croissance est due à l'exode rural de 250 000 paysans par an et à la forte natalité. Les nouveaux arrivants s'entassent dans le centre et en périphérie. Dans le centre, ils occupent les terrasses, les logements précaires et même les cimetières. En périphérie, ils logent dans des bidonvilles sans eau, ni électricité, ni égouts.

Des problèmes écologiques

L'agglomération du Caire souffre de problèmes de transport et d'une atmosphère polluée. Des embouteillages permanents affectent la circulation, à cause du manque de ponts et de la diversité des modes de déplacement (qui incluent la traction animale). Pour tenter d'y remédier, on a construit une première ligne de métro, longue de 43 km.

De forts contrastes

Sur les bords du Nil, bien aérés, existe un centre moderne avec de grands immeubles abritant hôtels ou ministères. Ce centre moderne s'oppose aux souks, grands marchés centraux que l'on trouve dans la plupart des villes arabes, et aux quartiers industriels et périphériques, occupés par une population pauvre.

Au cœur du souk al-Khalili, au Caire.

Un grand centre touristique

Le Caire est un des plus grands centres touristiques du monde, grâce à ses nombreuses mosquées et aux merveilles proches de la ville : le sphinx, les pyramides de Gizeh et Saqqarah. C'est aussi au Caire qu'atterrissent les touristes en route pour Louxor, Karnak, Assouan et Abou Simbel.

L'agriculture des Grandes Plaines

Au xxe siècle, l'agriculture des pays développés a été bouleversée par l'utilisation des machines et des fertilisants. C'est au centre des États-Unis qu'existe l'une des agricultures les plus modernes du monde, capable, à elle seule, de nourrir l'ensemble des habitants de la Terre.

Les grands espaces

Avant la colonisation par les Anglo-Saxons, la prairie du centre des États-Unis était parcourue par des tribus d'Indiens nomades et d'immenses troupeaux de bisons. Aujourd'hui, cet espace est cultivé dans de vastes champs (de 60 ha de moyenne en Ohio à 426 ha dans le Dakota-du-Sud) aux formes souvent géométriques. Seul élément de variété dans ces paysages monotones : les fermes isolées et leurs silos à grains de couleur criarde.

Grande plaine céréalière dans le Montana (États-Unis).

Les grandes plaines alluviales sont au centre des États-Unis, entre la chaîne des Rocheuses et celle des Appalaches. C'est là que vivaient les Indiens, il y a moins de deux siècles.

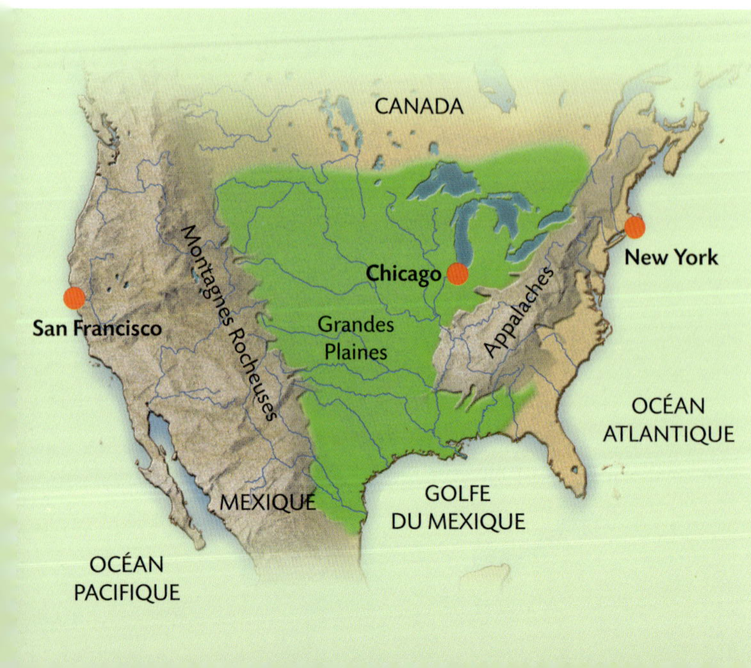

À court terme ?

Cette agriculture de grandes plaines présente l'inconvénient de rendre les terres (laissées nues après les récoltes) sensibles à l'érosion. C'est pourquoi les fermiers pratiquent la culture en bandes alternées : ils évitent ainsi les très grandes parcelles uniformes. Mais le problème le plus important de ce type d'agriculture (aussi bien aux États-Unis qu'en Europe) est son utilisation excessive de l'eau. On observe partout une baisse continue du niveau des nappes phréatiques. Or, celles-ci ne se renouvellent que très lentement : plus d'un siècle est parfois nécessaire.

De nouvelles races

L'État et les grandes firmes agroalimentaires financent une recherche qui permet la mise au point de nouvelles variétés de plantes et de races animales. Ainsi, la race de bovins *santa gertrudis* a été obtenue par croisement d'une race indienne, la brahmane, et de races anglo-saxonnes.

Produire pour vendre

Le *farmer* américain ne cultive pas pour sa consommation personnelle mais pour vendre sur les marchés national et international. Ainsi, les États-Unis exportent le tiers de leur production. Cependant 150 000 exploitations américaines (sur les 2 millions que compte le pays), extrêmement mécanisées et très grandes, produisent à elles seules les deux tiers du chiffre d'affaires agricole américain.

Une agriculture évoluée

Cette agriculture est très moderne : elle a été la première à utiliser les moissonneuses-batteuses puis, plus tard, l'avion pour traiter les récoltes. Aujourd'hui, les agriculteurs américains pratiquent une « agriculture de précision », grâce à l'informatique et aux satellites. Des prévisions météo élaborées, la surveillance par satellite des cultures (télédétection) et l'application précise des produits (engrais ou traitements) augmentent les rendements tout en diminuant la pollution.

Avions d'épandage agricole diffusant des engrais sur un champ de riz au Texas.

Cultures de plantations

Certains des espaces agricoles tropicaux ne produisent que pour vendre sur les marchés internationaux sucre, bananes, café, cacao, thé…

Près des côtes

Les régions côtières du monde tropical situées à proximité des ports d'exportation ou de moyens de transport modernes sont le domaine de l'agriculture de plantations.
Leurs productions sont destinées aux marchés des pays industrialisés. Elles couvrent des superficies considérables et, si certains travaux sont parfois mécanisés, elles emploient le plus souvent une grande quantité de main-d'œuvre : il faut par exemple deux hommes par hectare dans les bananeraies les plus productives.

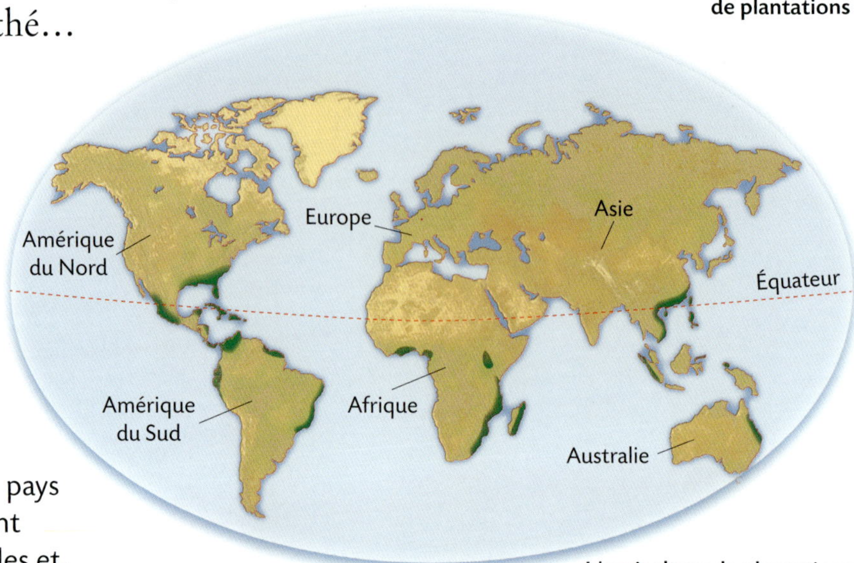

L'agriculture de plantations permet depuis plusieurs siècles au monde tropical d'exporter vers la zone tempérée des produits que celle-ci ne peut cultiver.

Des sols fragiles

La culture de plantations se pratique souvent sur les sols de latérite, une terre rouge particulièrement fragile et sensible à l'érosion. L'exploitation très intensive recherche les rendements les plus élevés, sans se soucier de la conservation de ces sols fertiles. Pendant la saison des pluies, le ruissellement intense provoque la perte des terres fertiles et l'impossibilité de poursuivre les cultures.

Travailleurs saisonniers repiquant de jeunes plants de canne à sucre aux Philippines.

Des firmes multinationales

Les grandes plantations ont d'abord été mises en place par d'énormes firmes originaires des pays industrialisés. C'est ainsi que la banane, quatrième production mondiale, est contrôlée par quatre firmes (Chiquita Brands, Dole Food, Del Monte et Fyffes) qui se partagent près de 66 % de ce marché pour des revenus dépassant 8 milliards de dollars américains.

Des ouvriers à la situation précaire

Les cultures de plantations nécessitent la présence permanente d'ouvriers salariés qui résident sur place et de travailleurs saisonniers pour la récolte. La gratuité des logements incite souvent les ouvriers agricoles à s'installer sur les lieux mêmes de leur travail. Mais cette main-d'œuvre est mal payée et mal logée dans des maisons souvent sans eau ni électricité. Elle ne reçoit ni indemnité de maladie, ni retraite. En règle générale, les travailleurs n'ont pas le droit de se réunir au sein d'organisations... sauf si elles sont mises en place par les propriétaires des plantations.

Des travailleurs sacrifiés

Très sensibles aux maladies, les bananes sont traitées par de grandes quantités de pesticides (produits destinés à lutter contre les parasites animaux ou végétaux des cultures). Au Costa Rica, deuxième producteur de bananes au monde, l'industrie de la banane « consomme » 44 kg de pesticides par hectare et par an. Des milliers de travailleurs exposés à ces produits sans protection adaptée souffrent de stérilité. Les cancers du foie et de la peau, les affections du nez, des yeux et des ongles des mains sont fréquents, tout comme les malformations chez les nouveau-nés.

La pêche industrielle

La pêche intensive a entrainé la perte estimée de 50 à 90 % des grands poissons prédateurs (morues, églefins, espadons, thons). Aujourd'hui, 80 % des stocks de poisson sont pleinement exploités, surexploités ou en déclin.

La flotte industrielle

La flotte industrielle ne représente que 1 % de la flotte mondiale de pêche, mais elle est responsable de la moitié des prises de poisson. Elle est constituée de bateaux de plus en plus grands et performants. L'utilisation de satellites et de sonars pour repérer les bancs de poissons se révèle très efficace. En 50 ans, le tonnage de poissons capturés a été multiplié par quatre.

Bâteau de pêche aux lançons, en mer du Nord.

Jeune tortue prise au piège d'un filet de pêche.

Les dégâts des chaluts

L'utilisation de chaluts (gigantesques filets qui raclent et détruisent les fonds) a d'énormes conséquences sur l'écosystème marin. On estime que 27 millions de tonnes de poissons sont rejetés en mer chaque année : soit parce qu'ils n'ont pas la taille minimale légale pour être pêchés, soit parce qu'ils ne font pas partie de l'espèce visée. De plus, ces énormes filets capturent et provoquent la mort de nombreux requins, cétacés et oiseaux.

La surpêche

Entre 54 et 72 % des stocks de poisson sont en situation de surpêche. C'est-à-dire que les prises sont trop nombreuses et régulières pour que les poissons puissent se reproduire et reconstituer leur population. À terme, la surpêche conduit à la disparition d'une espèce. Par exemple, le thon rouge est aujourd'hui au bord de l'extinction. Quant au cabillaud, espèce la plus consommée au monde, les quantités disponibles ont diminué de 70 % en trente ans.

L'aquaculture

Pour pallier la raréfaction du poisson sauvage, il est logique de se tourner vers l'élevage de cette ressource. Mais pour nourrir et produire 1 tonne d'un poisson carnivore (le saumon par exemple), il faut utiliser 5 à 6 tonnes de poissons sauvages ! Une solution plus durable consisterait à privilégier l'élevage de poissons herbivores comme la carpe ou le tilapia.

La pêche « pirate »

De nombreux navires pêchent illégalement, en ne respectant pas les quotas de pêche ou en utilisant des filets non autorisés (comme les filets dérivants). Cela peut aussi vouloir dire qu'ils pêchent des espèces protégées ou qu'ils se trouvent dans des zones non autorisées. Cette pêche « pirate », très répandue dans le monde, est telle que l'on estime qu'un poisson sur quatre est capturé illégalement !

Centrales nucléaires

Après avoir utilisé l'énergie nucléaire pour faire la guerre, les hommes s'en servent aujourd'hui pour chauffer l'eau et produire de l'électricité. Les centrales nucléaires fonctionnent sans émettre de gaz à effet de serre, mais au prix de l'accumulation de déchets radioactifs.

Une réaction de fission

Pour produire de l'électricité, les centrales nucléaires utilisent la chaleur produite par la réaction de fission : lorsqu'un neutron vient frapper un noyau d'uranium ou de plutonium, celui-ci se casse et libère en général trois neutrons. Laissés libres, ces trois neutrons vont à leur tour casser d'autres noyaux, lesquels libéreront chacun trois neutrons, et ainsi de suite. C'est une réaction en chaîne. Pour stabiliser la réaction, on capture deux neutrons sur les trois produits, ce qui permet de contrôler la quantité de chaleur dégagée.

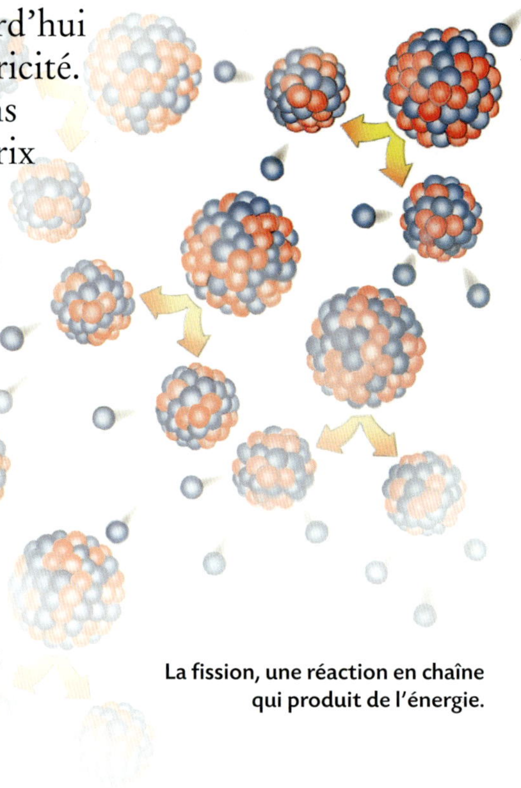

La fission, une réaction en chaîne qui produit de l'énergie.

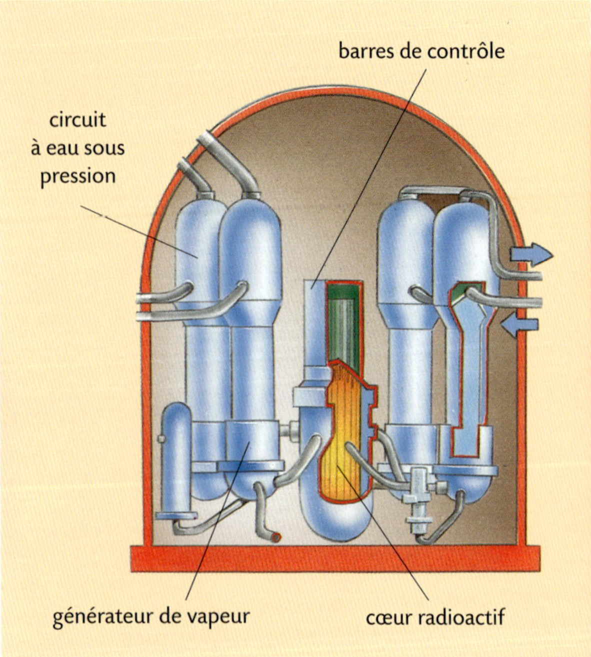

Centrales REP (réacteur à eau sous pression)

Les centrales REP sont formées d'un cœur radioactif qui chauffe de l'eau sous pression à 300 °C. Ce premier circuit réchauffe un circuit secondaire où la pression est plus faible. L'eau se transforme alors en vapeur et entraîne une turbine qui fournit de l'électricité. On contrôle la vitesse de réaction (et donc la centrale) grâce à des barres placées dans le cœur du réacteur. Il suffit de descendre ces barres pour capturer les neutrons et ralentir la réaction en chaîne.

schéma du cœur d'une centrale à eau sous pression (REP)

Les tours de refroidissement de la centrale de Cruas-Meysse, en Ardèche.

Des déchets encombrants

Chaque réacteur nucléaire fabrique des déchets radioactifs qu'il faut stocker. Certains restent dangereux pendant plusieurs centaines ou même plusieurs milliers d'années. Le stockage à long terme de ces déchets est problématique. Nous profitons aujourd'hui des bienfaits de l'électricité nucléaire en laissant à nos enfants la charge de surveiller ces déchets : une attitude irresponsable face aux générations futures.

Des décennies

À cause de la très forte radioactivité qui règne dans leurs enceintes, la durée de vie des réacteurs est limitée à quelques décennies (40 à 50 ans). Il faut ensuite attendre plusieurs décennies supplémentaires pour que la radioactivité baisse et qu'on puisse y pénétrer sans danger pour les démanteler.

Centrales et environnement

Par rapport à d'autres sources d'énergie, le nucléaire présente l'énorme avantage, en fonctionnement normal, de ne pas rejeter de dioxyde de carbone. Il contribue donc à lutter contre l'effet de serre. En revanche, il peut générer d'autres problèmes. Ainsi, des accidents comme ceux de Tchernobyl ou de Fukushima ont des conséquences catastrophiques pour les populations et l'environnement.

La place du nucléaire

La part d'électricité nucléaire varie selon les pays. Importante en France ou en Belgique, elle est plus faible en Suède, au Japon ou aux États-Unis. Plusieurs États ont décidé de ne pas utiliser le nucléaire (Autriche, Danemark, Italie), d'autres ont envisagé d'en sortir (Allemagne, Suède et Belgique), d'autres enfin (États-Unis, France, Japon) de miser sur le développement de réacteurs et de cycles de combustibles nouveaux, dont l'emploi débuterait dès 2020.

La course vers l'or noir

Exploités intensément depuis le XXe siècle, pétrole et gaz ont remplacé le charbon en raison de leur faible coût et de leur commodité d'utilisation.

Quelques décennies de réserves

Actuellement, les sociétés pétrolières multiplient les forages sous-marins et exploitent le pétrole des régions les plus inaccessibles. Il est très difficile d'estimer les réserves encore disponibles, car elles dépendent en partie du coût que nous acceptons de payer. Si le prix du baril augmente, il est possible d'exploiter des réserves connues mais difficiles d'accès. Il semble que l'humanité puisse compter sur 50 à 100 années de réserves de pétrole. Cette ressource doit donc être économisée. Il serait préférable de cesser de l'utiliser dans les moteurs pour la réserver à des activités plus nobles (comme la chimie), où elle est irremplaçable.

Plate-forme de forage en mer reliée à la terre par hélicoptère (transport du personnel) et par bateau (transport de matériel).

Une longue histoire

Au cours du temps, des débris de plancton et de matière organique continentale apportés par les fleuves se sont accumulés sur les fonds marins. Puis des couches sédimentaires successives sont venues les recouvrir.
En s'enfonçant, ces matériaux ont été soumis aux effets de la température et de la pression, et à l'action des bactéries. Ils se sont alors transformés en pétrole, produit léger qui a tendance à remonter dans le sous-sol.
On n'obtiendra un gisement pétrolifère que si cette migration vers le haut est arrêtée par un « piège à pétrole », sorte de cloche étanche capable de retenir les hydrocarbures.

Prospection et forage

Pour trouver du pétrole ou du gaz, il faut rechercher la présence de pièges comme des dômes de roches imperméables surmontant une couche de terrain perméable (les anticlinaux). Pour y parvenir, il suffit de créer une explosion, puis d'analyser l'écho de cette explosion sur les roches du sous-sol. Cette manœuvre permet de dresser une carte des roches profondes et de distinguer les anticlinaux. Mais la présence réelle de pétrole ou de gaz ne peut être assurée qu'au moyen de forages de reconnaissance qui peuvent s'enfoncer jusqu'à 11 000 mètres de profondeur.

Une énergie nouvelle

Roche sédimentaire très répandue à la surface de la terre, le schiste renferme un gaz. Celui-ci ne peut être extrait de manière habituelle car il est présent sous une forme diffuse dans cette roche. Ces dix dernières années, l'exploitation du gaz de schiste s'est fortement développée car les réserves mondiales estimées sont quatre fois plus importantes que celle de gaz conventionnel. Certains pays veulent l'exploiter pour augmenter leur indépendance énergétique. Ainsi, les États-Unis, avec une production de 620 milliards de mètres cubes de gaz en 2009, ont dépassé le leader mondial dans le domaine, la Russie. L'Europe veut également se lancer dans cette exploitation pour limiter sa dépendance énergétique vis-à-vis de la Russie et du Moyen-Orient.

La roche de schiste, dans le canyon de Westwater, aux États-Unis.

Technique d'extraction du gaz de schiste

Un puits est creusé verticalement puis avance horizontalement dans la couche de schiste. On fait ensuite exploser une charge au fond du puits et on injecte à très haute pression un mélange d'eau, de sable et de produits chimiques. C'est ce que l'on appelle la fracturation hydraulique. La moitié du liquide injecté remonte en drainant le gaz, alors que l'autre moitié, chargée de produits chimiques, reste dans la roche.

Les dangers pour la santé

L'exploitation du gaz de schiste consomme de grandes quantités d'eau et présente l'inconvénient d'être très polluante. Certaines des substances chimiques ajoutées à l'eau pour fracturer la roche sont dangereuses pour la santé humaine, d'autant qu'elles diffusent dans la roche et finissent par polluer les nappes phréatiques.

Grands barrages

De nombreux barrages, comme celui des Trois-Gorges (Chine), d'Italpu (Amérique du Sud) ou de Tarbela (Pakistan), fournissent aux hommes énergie et eau d'irrigation. Le site d'Assouan, en Égypte, est l'un des plus représentatifs de ces énormes travaux.

Un ouvrage gigantesque

Ce barrage de 3 600 mètres de long, de 980 mètres d'épaisseur à la base, de 40 mètres d'épaisseur au sommet et de 111 mètres de haut est situé sur le Nil. Les dimensions de la retenue (nommée lac Nasser) sont impressionnantes : 162 km^3, 6 500 km^2, 500 km de long, de 5 à 35 km de large. Le volume d'eau disponible n'est toutefois que de 74 km^3/an, partagés selon un accord international entre le Soudan (18,5 km^3) et l'Égypte (55,5 km^3).

Le barrage d'Assouan est situé en Haute-Égypte. Il influence le régime des eaux de l'ensemble de la vallée du Nil.

Emmagasiner l'eau

Le barrage permet d'emmagasiner toute une crue et de conserver l'eau des années excédentaires pour la distribuer lors des années déficitaires. Comme pour tous les grands ouvrages du genre, trois buts sont recherchés : favoriser l'irrigation, la navigation sur le fleuve et la production d'électricité. En effet, le barrage peut produire 10 milliards de kWh, dans un pays qui, à l'époque de l'inauguration de l'ouvrage, n'en consommait que 7. Finalement, les coûts de construction et de fonctionnement du barrage ont été amortis en deux ans seulement.

Un impact important

Avant la réalisation du barrage, la crue du Nil déposait chaque année sur les rives un riche limon qui fertilisait les terres. Depuis, ce limon s'accumule en amont, derrière le barrage, au fond du lac Nasser : il doit donc être aujourd'hui remplacé par des engrais chimiques. De plus, le Nil, qui coule plus régulièrement, a tendance à creuser davantage son lit et à éroder ses berges. Enfin, les apports de limon ayant cessé, les assauts de la mer provoquent une importante érosion marine à l'embouchure du fleuve.

Remontée des nappes

La régulation du cours du Nil a provoqué une remontée des nappes d'eau souterraines, ce qui rend difficile l'assainissement des grandes agglomérations du pays. Elle conduit aussi à une aggravation de la bilharziose chez les paysans (les bilharzies, vers parasites, ne sont détruites que par un assèchement prolongé, d'au moins trois semaines des canaux d'irrigation). Elle entraîne aussi des difficultés de drainage et conduit à une salinisation des terres.

Statue colossale de Ramsès II, à Abou-Simbel. La statue et l'ensemble du temple ont été déplacés pour éviter qu'ils soient submergés lors de la mise en eau du barrage d'Assouan.

Fabrique un barrage

Le récipient joue le rôle du barrage, le robinet celui du Nil.

- **1 récipient en bois**
- **1 robinet de jardin**

1. Avec l'aide d'un adulte, perce un trou de 2 cm de diamètre dans le récipient. Place-le sous le robinet du jardin.

2. Si tu ouvres et fermes régulièrement le robinet alors que le récipient est vide, les variations de débit du robinet se retrouveront inchangées en sortie.

3. En revanche, si le récipient est aux trois quarts plein, malgré l'ouverture et la fermeture du robinet, l'eau coule tout le temps régulièrement.

Un supertanker transporteur de pétrole, et sa silhouette caractéristique.

Transports maritimes

Les mers et les océans du globe sont parcourus chaque jour par des milliers d'énormes navires qui assurent l'essentiel des échanges de marchandises entre les pays.

Un navire porte-conteneurs. Les conteneurs rendent plus faciles les manipulations du chargement.

Coût énergétique des transports

Le transport maritime présente l'avantage d'être économe en énergie : avec 5 litres de carburant, on peut déplacer une tonne de marchandises de 6,6 km en avion, 100 km par la route, 330 km par chemin de fer et 500 km par voie d'eau.

Le temps des supertankers

Le transport maritime représente 71 % de toutes les marchandises transportées. Des navires spécialisés de plus en plus grands ont remplacé les cargos d'autrefois. Ainsi a démarré l'ère des supertankers, ou pétroliers géants, et des méthaniers, qui ont accru leur tonnage de façon spectaculaire. L'évolution des techniques de manutention et la création de navires porte-conteneurs ont permis de baisser les temps de chargement et de déchargement, tandis que le développement de l'automatisation à bord des navires a entraîné la réduction des équipages.

Shanghaï, premier port mondial

Les ports ont dû faire face à l'augmentation de taille des navires : la quille d'un porte-conteneurs descend à 12 mètres sous la surface, celle d'un super-pétrolier à 19 mètres ! Ainsi Shanghaï, premier port du monde par son activité avec plus de 500 millions de tonnes de trafic par an, a dû développer un gigantesque complexe portuaire sur les îles inhabitées de Yangshan. Puis il a fallu construire le pont de Donghaï, long de 32,5 km pour relier ce nouveau port à l'agglomération de Shanghaï.

Le port de Rotterdam (Pays-Bas) est accessible aux plus grands navires. Il assure un débouché essentiel vers la mer pour le trafic de marchandises en provenance du cœur de l'Europe.

Zones industrialo-portuaires

Les ports profitent souvent d'installations industrielles liées aux marchandises échangées : ce sont des usines de raffinage ou de pétrochimie qui utilisent le pétrole ou des industries de sidérurgie littorales, comme à Dunkerque ou Fos-sur-Mer.

Oiseau englué dans le mazout, après le naufrage d'un pétrolier.

Catastrophes écologiques

En réduisant le nombre des navires, la croissance de la taille des bateaux a diminué les risques de collision. Malheureusement, la très grande fréquentation de certaines routes maritimes et les économies réalisées par les armateurs sur l'entretien de leurs bateaux ont provoqué des accidents, que la taille des navires a rapidement transformés en catastrophes écologiques. Le naufrage du pétrolier *Prestige*, le 19 novembre 2002, à l'issue d'un voyage de quatre jours en remorque, a marqué le début de la pollution la plus longue et la plus étendue de l'histoire des marées noires en Atlantique Nord-Est.

Trafics continentaux

Sur la terre ferme, automobiles et camions transportent les hommes et les marchandises grâce à un réseau dense de routes et d'autoroutes. Cependant, le train, qui consomme moins d'énergie, est aussi beaucoup utilisé.

Un réseau très dense

Routes, autoroutes et chemins de fer constituent les « artères » du trafic terrestre. En Europe, leur présence quadrille tout l'espace. Ailleurs, comme en Sibérie ou dans les plaines des États-Unis, où la population est moins dense, le nombre de voies de communication est moindre. Dans les pays développés, on crée surtout, aujourd'hui, des autoroutes et des voies de chemin de fer à grande vitesse.

Réseau des routes et des autoroutes dans la région de la Ruhr, en Allemagne.

Le transport des personnes

La voiture joue un rôle majeur dans le transport des personnes. La qualité des véhicules, leur commodité et leur prix plus abordable avec la fabrication en grande série ont permis une transformation profonde du mode de vie des hommes. Les villes récentes ont intégré cette présence de la voiture, comme en Amérique du Nord où la ville s'étale pour éviter tout engorgement.

Camions et marchandises

Dans la plupart des pays industriels, l'essentiel du transport de marchandises est assuré au moyen de camions. C'est ainsi que le nombre total de poids lourds français est équivalent à celui des poids lourds de l'ensemble du continent africain ! Le trafic routier (camions et voitures réunis) provoque malheureusement embouteillages, accidents et pollutions diverses.

Trains et marchandises

Dans les pays où les réseaux routiers sont moins développés, c'est le train qui assure l'essentiel du trafic des marchandises. Dans plusieurs pays en voie de développement ainsi qu'en Russie, l'aménagement de nouvelles lignes a permis d'augmenter la part de transport de marchandises réalisée par le train.

Voyageurs s'apprêtant à partir pour Hardwar (Inde). Dans les pays pauvres, on voyage beaucoup par le train.

Motrices de TGV. Le « nez » allongé permet une excellente pénétration dans l'air.

Les trains rapides

Les trains à grande vitesse (TGV) atteignent la vitesse maximale de 300 km/h. La forme aérodynamique d'un TGV lui permet de réduire sa consommation. Il consomme deux fois moins d'énergie par voyageur que la voiture et trois fois moins que l'avion d'une ligne intérieure. Il concurrence directement l'avion sur des distances de 400 à 500 km, car il permet l'accès au centre des villes et est peu sensible aux conditions atmosphériques.

Le gros-porteur Boeing 747-400 à sa sortie d'usine, entouré par les ouvriers et ingénieurs qui l'ont construit.

Navigation aérienne

Depuis la seconde moitié du XXe siècle, l'avion est de plus en plus utilisé. Mais sa commodité sur de longues distances se paye par un coût écologique important.

Vitesse et rayon d'action

Les avions modernes ont une capacité de transport toujours croissante. L'avènement de très gros avions, comme le Boeing 747 ou l'Airbus A340, a permis le développement du tourisme international. Ces avions volent à 900 km/h et peuvent parcourir sans escale 13 000 km, donc effectuer un vol direct New York-Tokyo. La sécurité des transports aériens apparaît comme très bonne tant qu'elle est exprimée en accidents par kilomètre parcouru. Si les accidents sont décomptés par heure de trajet, la route devient plus sûre.

Gourmand en énergie

Pour parcourir 13 000 km, les avions long-courriers consomment 200 000 litres de carburant, ce qui entraîne l'émission de dioxyde de carbone (CO_2), un gaz à effet de serre (GES). Chaque passager aérien d'un long-courrier est ainsi responsable de l'émission d'autant de CO_2 que s'il était seul en grosse voiture, sur la même distance. Pour un vol court, c'est à peu près le double, puisque la phase de montée est très coûteuse en carburant. Finalement, lors d'un vol court, chaque passager émet autant de GES que s'il était seul en petit camion.

Réservé au fret coûteux ?

Les marchandises transportées par avion ne représentent que 1 % du trafic global de marchandises, mais 10 % de la valeur totale. La croissance du trafic est importante, parce qu'on transporte de plus en plus par avion les composants informatiques et les biens de luxe. La livraison rapide de colis utilise souvent ce mode de transport.

principaux nœuds de trafic aérien

principales routes aériennes

Des aéroports gigantesques

Les aéroports sont aujourd'hui des espaces d'échanges importants entre le pays où ils se trouvent et le reste du monde. C'est là qu'on décharge ou qu'on embarque les fruits et légumes frais, les ordinateurs et toutes les autres marchandises dont le prix est suffisamment élevé pour justifier le transport par avion. Autour de ces zones se créent de nombreuses industries ou activités : hôtels, formation des pilotes, etc.

Roissy-Charles-de-Gaulle

Cet aéroport s'étale en région parisienne sur 10 000 hectares, ce qui équivaut à la surface de la ville de Paris. Le trafic moyen journalier s'élève à 200 000 passagers et 6 000 tonnes de marchandises pour 1 400 mouvements d'avions commerciaux. Une gare permet d'accéder aux réseaux TGV et RER.

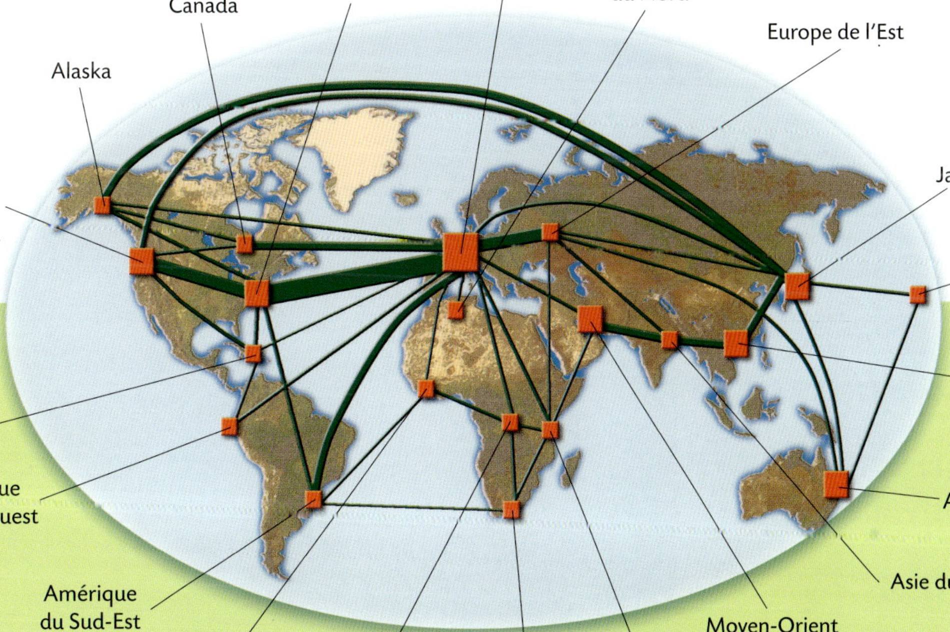

Les guetteurs du cosmos

Des milliers de satellites sont en orbite autour de la Terre. Ils permettent aux hommes de communiquer, de repérer leur position, de prévoir le temps et d'observer leur planète et l'espace.

Systèmes de communication

Les communications téléphoniques, les émissions de télévision ou Internet peuvent passer par l'intermédiaire des satellites de télécommunication. Ceux-ci permettent d'établir facilement des communications entre endroits éloignés. Beaucoup d'entre eux sont situés sur des orbites « géostationnaires » (ils restent toujours à la verticale du même point de la Terre). Mais la demande de communications est si grande que des flottes de satellites ont été placées sur des orbites basses pour transmettre les signaux provenant du nombre grandissant de téléphones mobiles.

Satellite d'observation de la Terre, dont les six antennes balayent l'océan. Les informations recueillies permettent aux scientifiques d'étudier les courants océaniques et l'interaction océan-atmosphère.

Orbites diverses

La plupart des satellites utilisent une des quatre orbites suivantes :

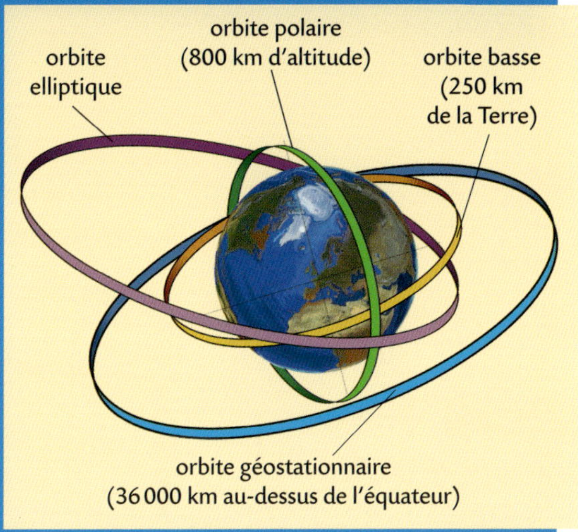

Satellites de navigation

Repérer sa position à la surface de la Terre a toujours été un problème pour les navigateurs. L'utilisation de satellites émettant des ondes radio qui peuvent être détectées partout et quel que soit le temps a permis de résoudre le problème. Le GPS (*Global Positioning System*) développé aux États-Unis est devenu le système de navigation le plus précis.
Les satellites du GPS, au nombre de 24, ont été placés à une altitude de 20 000 km environ. Chaque point de la Terre reçoit en permanence les émissions d'au moins quatre d'entre eux, ce qui permet à un récepteur de déterminer sa position à 1 mètre près.

Observations de la Terre

Les satellites permettent aussi une observation permanente de la Terre. Des satellites météo enregistrent des images de la couverture nuageuse et des ouragans. En mesurant température, pression et humidité, ils permettent la prévision du temps.
Des satellites d'observation sont utilisés par les scientifiques pour l'étude des océans, l'élaboration de cartes, la surveillance des cultures ou de la déforestation, etc.

Débris de toutes sortes

De nombreux débris, vestiges de la conquête spatiale de ce dernier demi-siècle, entourent la Terre. On estime qu'il existe 8 500 débris d'une taille supérieure à 10 cm en orbite autour de la Terre. Les vitesses relatives des débris spatiaux sont très grandes (10 km/s), ce qui les rend très dangereux pour les vaisseaux spatiaux et les satellites. Des manœuvres d'évitement des débris catalogués sont régulièrement réalisées.

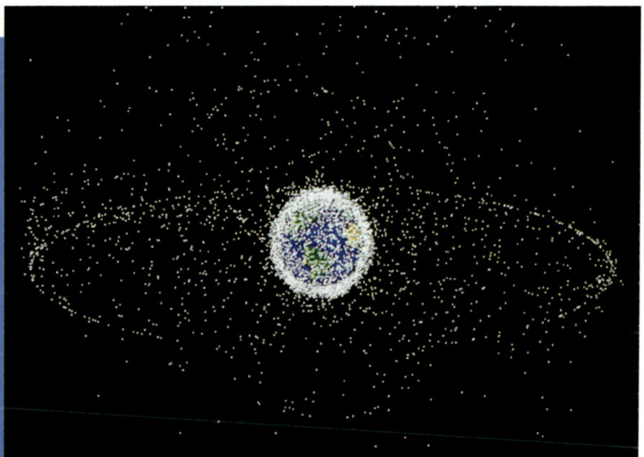

Ordinateurs et réseaux

Les ordinateurs connaissent depuis un demi-siècle un développement prodigieux. Ils sont devenus indispensables, grâce à leur capacité de mémoire et leur rapidité de calcul. Leur utilisation a radicalement modifié les conditions de travail et les relations entre les hommes.

La salle de contrôle d'une raffinerie de pétrole.

Une évolution rapide

À leurs débuts dans les années 1950, les ordinateurs sont très peu nombreux. Quarante ans plus tard, l'explosion de la vente d'ordinateurs individuels transforme profondément notre société. Depuis 1995, il se vend dans le monde plus d'ordinateurs que de téléviseurs. Ce marché énorme permet aux prix de diminuer régulièrement, pour des machines toujours plus rapides et aux capacités de stockage en accroissement constant.

La revanche des petits

En 2002, 225 calculateurs personnels connectés et travaillant « en équipe » ont obtenu des performances et une puissance de calcul qui font de cet ensemble l'équivalent d'un « supercalculateur ». Les progrès des micro-ordinateurs et leur mise en réseau permettent donc aujourd'hui d'atteindre des performances dignes de celles des calculateurs géants les plus coûteux.

Décrypte le message mystérieux

Le premier des codages « numériques » a été le morse. Aujourd'hui, images, sons et textes sont codés en milliers de 0 et de 1 que les ordinateurs peuvent ensuite traiter. Ainsi, voici une partie du code ASCII, qui code les quelques lettres suivantes :

A	1000001	**L**	1001100	**R**	1010010
D	1000100	**M**	1001101	**S**	1010011
E	1000101	**N**	1001110	**T**	1010100
I	1001001	**O**	1001111	**U**	1010101

Espace : 0100000

Le développement d'Internet

Des réseaux spécialisés, comme ceux de la télévision ou de la téléphonie, fonctionnent depuis quelques dizaines d'années. Mais l'arrivée d'Internet et la connexion de millions d'ordinateurs personnels sur le réseau ont bouleversé les échanges d'informations.
Les utilisateurs peuvent obtenir facilement des informations, discuter, acheter, se divertir, etc. Ce système de codage permet à ces informations diverses d'être stockées sur des supports magnétiques ou optiques denses et bon marché, puis traitées directement par les ordinateurs.

Le réseau Facebook

Facebook est un réseau social sur Internet qui permet à chaque personne possédant un compte de partager des informations personnelles (photos, textes, vidéos, etc.) avec d'autres utilisateurs « amis ». Adopté avec enthousiasme par les jeunes, le site compte en 2011 plus de 600 millions d'utilisateurs.

Décrypte la phrase suivante :

1001001 – 1001110
– 1010100 – 1000101
– 1010010 – 1001110
– 1000101 – 1010100
– 0100000 - 1000101
– 1010011 – 1010100
– 0100000 - 1001101
– 1001111 – 1001110
– 1000100 – 1001001
– 1000001 – 1001100

Solution : INTERNET EST MONDIAL

La salle de la Bourse de New York, à Wall Street, et ses centaines d'ordinateurs.

Une intelligence collective

Les utilisateurs d'ordinateurs utilisent à peine 20 % de la puissance de calcul de leur machine. Plusieurs organismes de recherche ont pensé regrouper ces capacités inutilisées pour résoudre des problèmes qui dépassent les possibilités d'un ordinateur même très puissant. Pour participer à un de ces projets collectifs, il suffit de télécharger un petit logiciel qui profite des ressources inutilisées de l'ordinateur. À chaque connexion à Internet, l'ordinateur envoie les résultats des calculs menés pendant les temps morts et récupère des données nouvelles. C'est ainsi que 4 millions d'ordinateurs situés dans 226 pays traitent les données spatiales d'un programme de recherche de vie extraterrestre.

Femmes sénégalaises portant leur récolte de mil, céréale qui se contente de terres pauvres et de faibles pluies.

L'état du monde

Le vaisseau spatial « Terre » n'a pas la chance d'avoir un équipage homogène : la majorité des habitants des pays industrialisés vivent dans des conditions favorables, tandis que ceux des pays du Sud connaissent une vie quotidienne beaucoup plus difficile.

Le bâtiment de l'ONU comprend 39 étages. Il est situé à Manhattan, à New York.

Les nantis et les autres

Nous vivons sur un vaisseau planétaire où la richesse du Nord côtoie la misère du Sud. Cependant, l'évolution de la croissance mondiale réduit certaines de ces inégalités. Seule l'Afrique subsaharienne profite peu de ce mouvement.

Riches et pauvres

Pour estimer la richesse d'un pays, on calcule le total des richesses produites pendant un an : c'est le produit intérieur brut, ou PIB. Dans les pays industrialisés (Amérique du Nord, Union européenne et Japon), 20 % de la population produit 80 % de la richesse mondiale. Quand on évalue le PIB réel par habitant (richesse de chaque individu), on constate que 879 millions d'hommes vivent avec moins de 1 $/jour, et 2,6 milliards avec moins de 2 $/jour. Mais ces calculs sont réalisés en convertissant les monnaies en dollar. Or les habitants des pays pauvres, qui gagnent peu d'argent, achètent aussi à prix bas.

Indice PPP de l'ONU

Pour avoir une vision plus juste des écarts de richesse, l'ONU a créé l'indice PPP (*purchasing power parity*), ou indice de parité de pouvoir d'achat, qui tient compte de ce que l'habitant d'un pays donné peut acheter sur place. Les résultats sont très contrastés, puisqu'en 2010, dans les pays développés, un Luxembourgeois gagnait en moyenne 81 383 $, un Américain 47 284 $, un Français 34 077 $. Dans le même temps, un habitant du Burundi ne gagnait que 411 $ et un habitant de la République Démocratique du Congo 328 $.
Ces chiffres montrent bien l'importance des inégalités sur Terre.

Le développement humain

L'indice PPP mesure les richesses mais ne prend pas en compte les activités réalisées à la maison (travail des femmes), les activités non déclarées, comme le travail « au noir » et les échanges comme le troc. Il ne mesure pas non plus le bien-être, puisqu'il ne s'occupe que des richesses produites, et non de l'instruction, la santé, la liberté, etc. Pour avoir une meilleure image du développement, on a créé l'IDH (indicateur de développement humain) qui prend en compte l'espérance de vie à la naissance, le niveau d'instruction et le niveau de vie. Plus l'IDH est proche de 1, plus le développement est élevé.

Drames du sida

Entre 1985 et 1998, sept pays d'Afrique subsaharienne (Botswana, Burundi, Congo-Brazzaville, Congo-Kinshasa, Kenya, Zambie et Zimbabwe) ont vu un recul de leur IDH : cette inversion s'explique en grande partie par le recul de l'espérance de vie dû au sida. La situation est analogue en Afrique du Sud, Namibie et République centrafricaine entre 1990 et 1998.

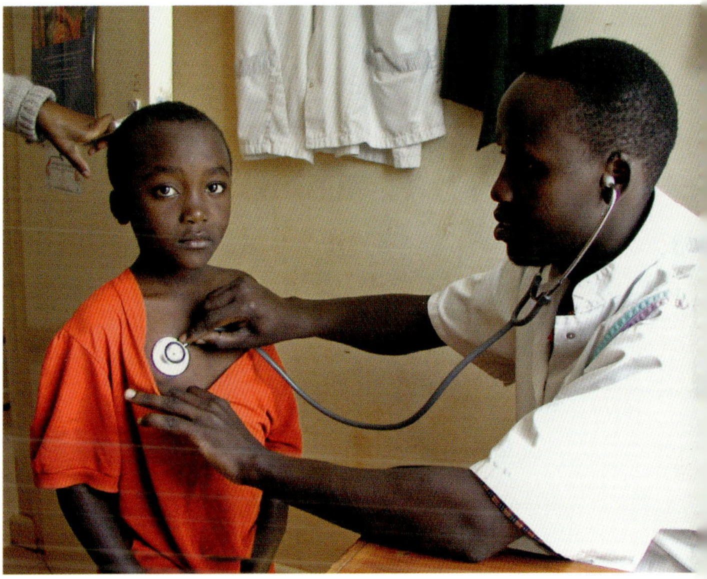

La santé est un facteur essentiel de l'accès au développement.

Une évolution positive

Quand on compare les résultats obtenus avec les calculs de l'IDH sur 47 ans, on observe que le monde dans son ensemble tend à se développer (l'IDH augmente de 0,392 en 1960 à 0,753 en 2007). Les pays industrialisés passent de 0,798 en 1960 à 0,932 en 2007, les pays en développement de 0,260 à 0,686, les pays les moins avancés de 0,61 à 0,423. On constate donc que les développements humains tendent tous à s'élever dans les différentes régions du monde, depuis un demi-siècle.

Au cours des 40 dernières années, le taux d'illettrisme de la population mondiale a été divisé par deux.

Des pauvres chez les riches

Dans les pays occidentaux, plus de 100 millions de personnes vivent dans la pauvreté. Malgré la richesse des États, la misère et l'exclusion sociale n'ont donc pas disparu, les États-Unis connaissant même une augmentation du nombre des pauvres.

Un indice de pauvreté humaine

Mis au point par le PNUD (Programme des Nations unies pour le développement), un indice de pauvreté humaine adapté aux pays développés (IPH-2) a été créé en 1998. Il a pour critères l'espérance de vie, le niveau d'instruction, le chômage à long terme et le revenu des ménages. Ce calcul montre les bons résultats de la Suède (6,7 % de pauvres), de la Norvège (7,5 %) et des Pays-Bas (8,5 %), et les mauvais du Royaume-Uni (15,1 %), de l'Irlande (15,3 %) et des États-Unis (15,8 %). La France est dans la moyenne, avec 11,1 % de pauvres.

Les compagnons d'Emmaüs récupèrent objets, meubles et vêtements. Ils les trient, les réparent et les mettent en vente.

Des enfants dans le besoin

Selon un rapport de l'Unicef, plus de 47 millions d'enfants vivant dans les pays riches sont dans le besoin. Les pays les plus concernés sont les États-Unis, l'Italie et le Royaume-Uni (près d'un enfant sur cinq est pauvre), tandis que dans les pays nordiques, qui bénéficient d'un système de protection sociale efficace, les taux de pauvreté enfantine sont beaucoup plus bas : un enfant sur vingt au Danemark, un enfant sur trente-huit en Suède.

Emmaüs

L'abbé Pierre s'est battu depuis les années 1950 pour aider les plus défavorisés. Après un appel mémorable passé au cours de l'hiver 1954, où plusieurs personnes sans domicile étaient mortes de froid à Paris, il crée un mouvement d'entraide qui va devenir Emmaüs, puis Emmaüs international.

Misère et droits de l'homme

Né d'un père polonais et d'une mère espagnole, le père Joseph Wresinski (1917-1988) a consacré toute sa vie à la lutte contre la pauvreté et l'exclusion. En 1957, il crée « Aide à toute détresse » (ATD), qui deviendra le mouvement ATD quart-monde. Il rédige un rapport sur la grande pauvreté, adopté par le Conseil économique et social de la République française le 11 février 1987. Le 17 octobre 1987, une grande manifestation regroupe 100 000 personnes à Paris pour faire reculer la misère et respecter les droits de l'homme. Car « là où des hommes sont condamnés à vivre dans la misère, les droits de l'homme sont violés ». En 1992, les Nations unies ont reconnu le 17 octobre comme la Journée mondiale du refus de la misère.

L'artiste Michel Colucci, dit « Coluche », a mis en place les Restos du cœur, pour aider les plus démunis.

Une situation qui évolue

Depuis 1995, dans la plupart des pays européens, les riches sont devenus plus riches en raison de la montée des revenus financiers. Mais dans le même temps, les pauvres sont devenus moins pauvres grâce à des formes renforcées de redistribution. Au contraire, aux États-Unis, l'écart entre les plus riches et les plus pauvres s'est accru de façon sensible au cours des dix dernières années.

À Paris, des sans-abri dorment dans des tentes données par l'ONG Médecins du monde.

Mal nourris et misérables

De nombreux habitants des pays les plus pauvres sont mal nourris, mal soignés et analphabètes. L'indice de pauvreté humaine rend compte de cet état de fait scandaleux.

Trop peu ou mal nourris

La famine a heureusement disparu de la plupart des zones pauvres de la planète, sauf dans les pays touchés par les guerres. Bien que la majorité des habitants des pays développés mangent à leur faim, certains souffrent de malnutrition. Un homme sur sept (soit 800 millions de personnes, situées surtout en Afrique subsaharienne et dans le monde indien) ne dispose pas d'une alimentation suffisamment riche en calories. La sous-alimentation touche 143 millions d'enfants de moins de 5 ans.

Enfant du Burkina Faso se nourrissant de mangue, fruit riche en vitamine A.

Des maladies nombreuses

Près de 800 millions de personnes n'ont pas accès aux soins médicaux, et les pays pauvres manquent cruellement de médicaments, de dispensaires et de professionnels de santé. Les maladies infectieuses ou parasitaires (diarrhée, paludisme, tuberculose, sida) y tuent chaque année des millions de personnes. La mortalité infantile est souvent importante et l'espérance de vie n'atteint que 51 ans, alors qu'elle s'élève à 79 ans dans les pays développés. Les inégalités sont donc considérables à la surface de la Terre.

Carte du monde montrant le pourcentage d'enfants de moins de 5 ans dont le poids est inférieur au poids normal.

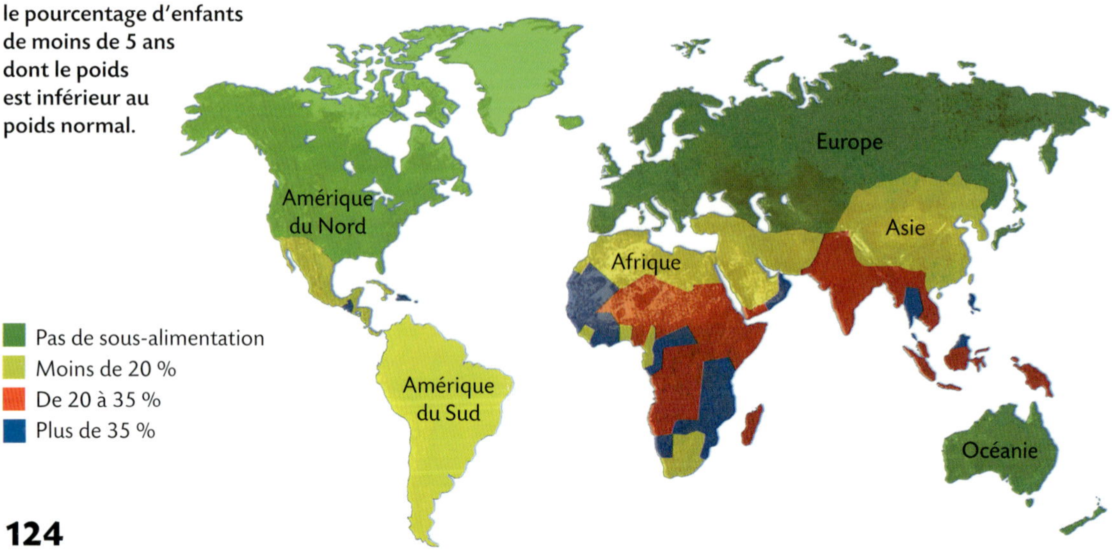

Privés d'instruction

Les adultes qui ne savent ni lire ni écrire représentent 45 % de la population en Afrique subsaharienne et 50 % en Asie du Sud. Au total, 774 millions d'adultes sont analphabètes (dont 500 millions de femmes). La scolarisation montre les mêmes disparités puisque, dans les pays en voie de développement, 110 millions d'enfants ne sont pas scolarisés à l'école primaire.

IPH et pauvreté

L'IPH-1 est l'indice de pauvreté humaine adapté aux pays en développement. Il estime le pourcentage de la population qui subit trois types de privations : faible durée de vie, absence d'éducation et privation d'accès à l'eau, la nourriture et la santé. Cet indice se concentre donc sur les personnes les plus démunies d'un pays : l'IPH-1 dénombre plus de 50 % de pauvres dans huit pays (Mali, Burkina Faso, Tchad, Niger, Éthiopie, Swaziland, Guinée, Sierra Leone) et 35 % dans une quarantaine d'autres.

L'impact sur les enfants

La sous-alimentation des enfants provoque des problèmes de santé graves : muscles inexistants, arrêt de la croissance et difficultés à faire face aux maladies. Les privations entraînent aussi des difficultés intellectuelles et de l'apathie : l'enfant en état de sous-alimentation est triste, il manque de vivacité et réussit mal à l'école.

Afrique subsaharienne

Ensemble des pays situés au sud du Sahara et comprenant la Mauritanie, le Mali, le Niger, etc.

De nombreuses populations du Sud n'ont pas accès à l'eau courante, ce qui rend la vie quotidienne difficile.

Le travail dans le monde

À la surface de la Terre, les hommes travaillent différemment les uns des autres. Beaucoup d'habitants des pays en voie de développement sont agriculteurs tandis que ceux des pays développés (longtemps travailleurs de l'industrie) s'activent aujourd'hui dans les services.

Une paysanne sénégalaise sarcle une parcelle de sorgho au moyen d'une petite houe.

Un monde de paysans

Dans les pays pauvres, la plus grande partie de la population travaille la terre pour se nourrir. En Afrique, les travaux se font à la main avec quelques outils très simples, comme la houe. En Asie, la culture du riz nécessite elle aussi un énorme travail manuel. Cette agriculture traditionnelle ne produit pas assez de nourriture, ce qui entraîne le départ des jeunes vers la ville.

Ouvriers travaillant dans une industrie d'assemblage électronique.

Ouvriers de l'industrie

Dans les pays développés, l'utilisation des machines a permis à l'agriculture de produire toujours plus avec de moins en moins de travailleurs. Si bien que de nombreux paysans ont quitté la terre et sont venus augmenter la population ouvrière dans l'industrie. Ce mouvement, commencé au XIXe siècle, s'est poursuivi jusqu'aux années 1970. Désormais, en raison des fabrications à la chaîne automatisées et du départ de nombreuses industries dans les pays à bas salaires, la population ouvrière des pays développés est en diminution constante.

L'essor des services

Les services sont les activités qui répondent à un besoin, mais qui ne produisent pas de biens matériels, comme les transports, les spectacles, l'activité des médecins, l'enseignement... Ces dernières décennies, l'essor impressionnant des activités de service a entraîné le développement d'une classe moyenne. Celle-ci représente 70 % des personnes qui travaillent dans les pays industrialisés. En même temps, le travail des femmes s'est déplacé de la famille à l'extérieur. Au cours de la seconde moitié du XXe siècle, les femmes se sont mises à occuper massivement les emplois des pays développés.

Mourir au travail ?

Chaque année, 270 millions de personnes sont victimes d'accidents du travail, 160 millions contractent des maladies professionnelles et 2 millions en meurent. D'autre part, certains travailleurs, soumis à une activité trop intense, deviennent anxieux ou dépressifs. L'épuisement professionnel peut aller jusqu'à provoquer des problèmes psychiatriques, tandis que le *karoshi* (mort par surmenage) frappe les « fous de travail », heureusement peu nombreux.

Le temps de travail

Sept pays se distinguent par un temps de travail par an très élevé : République de Corée (2 387 heures), Bangladesh (2 301), Sri Lanka (2 288), Hong-Kong et Chine (2 287), Malaisie (2 244) et Thaïlande (2 228). En Europe, le temps de travail est de 1 891 heures par an en République tchèque, de 1 559 heures en France et de 1 390 en Allemagne.

Courtier à la Bourse de Tokyo : comme beaucoup d'autres Asiatiques, les Japonais ont un temps de travail très élevé.

Chômage des jeunes

Les statistiques du BIT (Bureau international du travail) montrent qu'environ 205 millions de personnes dans le monde sont à la recherche d'un emploi, soit 6,2 % de la population active totale du monde. Les plus touchés par le chômage (avec un taux considérable de 12,6 %) sont les jeunes de 15 à 24 ans, qui représentent à eux seuls 77,7 millions de chômeurs.

Enfants indiens forcés de travailler dans les mines.

Esclaves d'aujourd'hui

Les anciennes pratiques d'esclavage et de servage de type féodal n'ont pas disparu de notre monde : les membres les plus vulnérables des sociétés humaines sont souvent victimes d'oppression et d'exploitation.

Droits de l'homme

« Nul ne sera tenu en esclavage ni en servitude ; l'esclavage et la traite des esclaves sont interdits sous toutes leurs formes. » Déclaration universelle des droits de l'homme (10 décembre 1948).

L'esclavage

Bien qu'il soit de plus en plus rare dans le monde contemporain, l'esclavage subsiste encore dans quelques pays déchirés par des conflits armés, comme le Libéria, la Sierra Leone ou le Soudan. C'est ainsi que des milliers de personnes appartenant à l'ethnie des Dinkas ont été enlevées par des milices au sud du Soudan et réduites en esclavage pendant les années 1990-2000. En mai 1999, le gouvernement soudanais a mis en place un organisme chargé de libérer les personnes victimes d'enlèvement et de travail forcé.

Esclaves trokosis au Ghana : la femme porte autour du cou la corde rituelle des esclaves.

Le travail forcé

Il y a travail forcé lorsqu'une personne est contrainte par la force d'effectuer une tâche qu'elle ne souhaite pas réaliser. La Birmanie est un des pays où la loi autorise le travail forcé. Nombreux y sont les travailleurs non rémunérés ne recevant que très peu de nourriture, d'eau et de temps de repos. Dans bien des cas, ils sont enchaînés pour la nuit et soumis aux mauvais traitements. En mars 1997, le Conseil des ministres européens a pris des sanctions économiques contre la Birmanie.

Travail forcé en Europe

Certaines affaires récentes ont montré que les pays développés n'étaient pas à l'abri du travail forcé : attirés par la perspective d'un travail bien rémunéré, des migrants s'endettent pour venir en Europe. Mais une fois arrivés sur place, ils sont souvent isolés par la barrière linguistique et peu au courant des lois du pays d'accueil, ce qui les rend vulnérables : des patrons sans scrupules peuvent alors les contraindre à travailler sans les payer, en les privant de liberté et de passeport.

Regroupement d'esclaves dinkas, au Soudan (1998).

Crime contre l'humanité

Le 21 mai 2001, le texte d'une loi reconnaissant « la traite négrière transatlantique et l'esclavage qui en a résulté en tant que crime contre l'humanité » a été adopté par la représentation nationale française à l'initiative de Christiane Taubira, députée de Guyane.

Le servage pour dettes

La servitude pour dettes enchaîne des centaines de milliers de travailleurs à leur employeur, en raison de prêts obtenus par eux ou leurs parents.
Le mécanisme est simple : des personnes pauvres obtiennent un prêt et doivent rembourser en travail cette somme. Mais les intérêts du prêt sont très élevés et le coût des outils est déduit de leur salaire, tandis que nourriture et boissons leur sont vendues au prix fort. La dette, qui augmente sans cesse, devient impossible à rembourser.

Ce petit garçon bengali travaille pour les pêcheurs. Il transporte des poissons tous les matins.

Enfants maltraités

La misère ou la violence des adultes contraignent des millions d'enfants à travailler dans des conditions pénibles, à vivre seuls dans les rues ou à devenir soldats.

Le travail des enfants

Les experts du Bureau international du travail (BIT) estiment à 250 millions le nombre d'enfants qui travaillent dans le monde. En Amérique latine, un enfant sur cinq travaille ; en Asie, un sur quatre ; en Afrique, un sur trois. Le dénuement des familles et l'inadaptation de l'école expliquent cette situation : l'école est souvent trop chère, et son enseignement paraît bien loin des préoccupations des familles. Les maîtres, mal payés, doivent faire face à des classes surchargées de 80 à 100 élèves, ce qui rend difficiles leurs conditions de travail.

De graves conséquences

Les enfants travailleurs sont soumis aux accidents, à l'épuisement et aux maladies liées à leur activité, comme la silicose des enfants mineurs ou les intoxications des travailleurs de l'industrie. Le travail des enfants est un scandale, car il prive des millions d'entre eux de leur enfance. C'est aussi une aberration économique : il interdit toute formation et retentit donc sur le développement du pays.

Les organisations non gouvernementales

Les organisations non gouvernementales (ONG) sont des associations nationales ou internationales qui n'ont pas pour but de gagner de l'argent mais qui mettent en place des actions humanitaires d'urgence et réalisent des projets de développement ou de sauvegarde de l'environnement.

« Vous avez le droit de jouer » : cette pancarte fait partie d'une campagne de prévention envers les jeunes filles de la rue au Kenya.

Le boycott, une solution ?

Dans les pays développés, certains proposent de boycotter (c'est-à-dire de ne plus acheter) les produits fabriqués par les enfants. Or, 90 % du produit du travail des enfants du tiers-monde est destiné au marché local, ce qui rend le boycott peu efficace. Des classes installées sur les lieux mêmes du travail permettent d'améliorer l'instruction de ces enfants, en attendant que des mesures plus énergiques soient prises contre ce véritable fléau.

Enfants des rues

Selon l'Unicef (Fonds des Nations unies pour l'enfance), il y aurait 120 millions d'enfants livrés à eux-mêmes dans les grandes villes. Ils vivent de petits boulots, mais tombent souvent dans la drogue, la délinquance et la prostitution. Ils sont estimés à 8 millions au Brésil, 5 millions dans l'ex-Empire soviétique, et 4,5 millions en Asie. Lorsqu'ils survivent (la moitié meurent au bout de quatre ans), ils deviennent des adultes analphabètes et sans qualification, ce qui les empêche de sortir de la misère. De nombreuses ONG collaborent avec les autorités locales pour les héberger dans des centres d'accueil et les former.

Enfants soldats

Près de 300 000 enfants sont engagés dans les forces armées du monde, dont 200 000 ont moins de 15 ans. Ces enfants soldats se trouvent majoritairement en Afrique ou en Amérique centrale. Recrutés de force, les garçons connaissent les dangers des combats ; les filles sont réduites à un esclavage sexuel, la plupart étant contaminées par le virus du sida. L'Unicef met en place des programmes de réinsertion et de soutien psychologique pour ces jeunes.

Groupe d'enfants palestiniens, dans un camp de réfugiés.

Des femmes à part

Dans la plupart des sociétés, la situation des femmes est inférieure à celle des hommes : leur taux d'alphabétisation est plus faible, leur travail moins reconnu, et elles sont souvent victimes de violences multiples.

Des femmes manquantes

En Europe comme aux États-Unis, le nombre de femmes dépasse celui des hommes (105 femmes pour 100 hommes). Dans certains pays d'Asie et d'Afrique du Nord, ce rapport s'inverse (94 femmes pour 100 hommes en Chine, par exemple). En Chine, les parents, qui n'ont l'autorisation d'avoir qu'un seul enfant, choisissent parfois l'avortement tant qu'ils n'ont pas de garçon. Ailleurs, le manque d'attention dont les femmes sont victimes en matière de santé et de nutrition explique ces résultats. Le nombre de « femmes manquantes » est estimé à 44 millions en Chine et à 100 millions dans le monde.

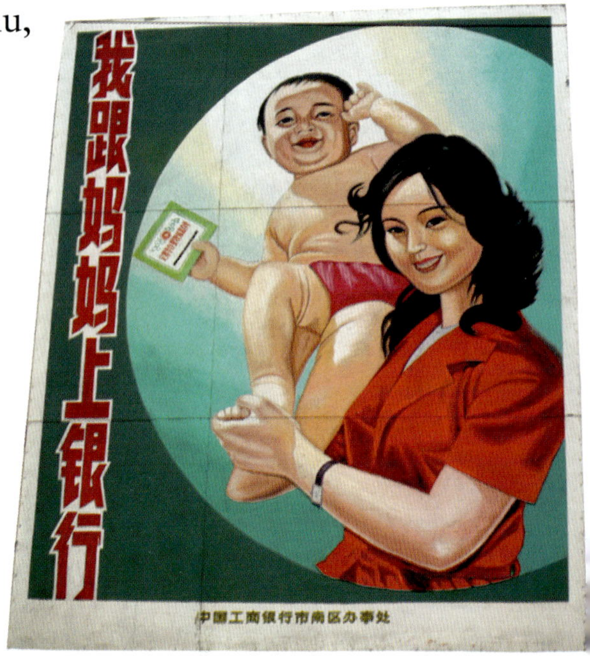

Affiche chinoise encourageant la famille à enfant unique, pour limiter la croissance de la population.

Mutilations sexuelles

Les mutilations sexuelles féminines sont répandues dans de nombreux pays d'Afrique du Nord-Est. Ces pratiques barbares traditionnelles sont réalisées au nom d'arguments religieux : celles qui ne se soumettent pas à ce rite sont mises à l'écart. Pourtant, ces pratiques ont des conséquences catastrophiques pour les femmes : hémorragies, accouchements difficiles et même danger de mort.

Ces jeunes femmes soudanaises apprennent à lire et à écrire : elles n'ont pas pu aller à l'école lorsqu'elles étaient enfants.

Exclusions

Les femmes des pays pauvres souffrent d'un taux d'analphabétisme supérieur à celui des hommes et sont souvent maintenues à la maison par leur travail domestique, rarement reconnu et jamais payé. Leur ignorance les empêche souvent de prendre en charge le contrôle de leurs grossesses et de leur santé. Dans les pays développés, elles sont loin d'avoir les mêmes salaires ou le même nombre de représentants politiques que les hommes.

Trafics de femmes

Les trafics de femmes aux fins de travail forcé, de mariage forcé ou de prostitution atteignent tous les pays du monde. Ainsi, l'Europe occidentale est la destination privilégiée d'un trafic de femmes en provenance des Balkans et d'Europe orientale, tandis que les États-Unis voient arriver chaque année 50 000 femmes et enfants qui sont employés dans l'industrie du sexe et le travail domestique.

Violences diverses

Dans le monde, une femme sur cinq est victime de mauvais traitements ou de viol. La proportion de femmes battues atteint 35 % en Égypte et 40 % en Inde. Pour trop de femmes, y compris dans les pays développés, le foyer est un lieu de terreur. Aux États-Unis, dans de nombreux États, les prisonnières enceintes sont même enchaînées et leurs chaînes, maintenues lors de l'accouchement !

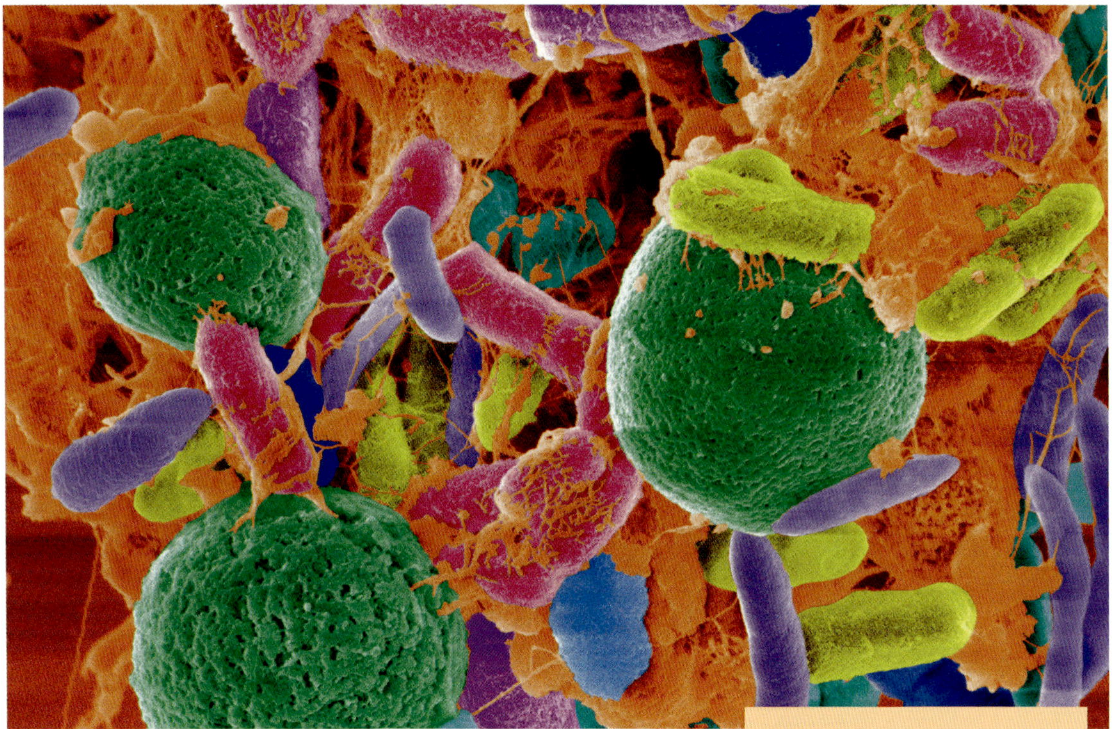

Vue agrandie au microscope de *Giardia intestinalis* (en vert), un parasite intestinal provoquant des douleurs abdominales et des diarrhées.

Fléaux sanitaires

Le fléau des maladies infectieuses et parasitaires a régressé dans le monde entier. Pourtant, chaque année, des êtres humains disparaissent à cause de gastro-entérites infectieuses, du paludisme ou du sida.

Bactéries et parasites

Les bactéries et les parasites se sont habitués aux traitements destinés à les éliminer. C'est ainsi que le parasite responsable du paludisme est devenu résistant à la chloroquine. Voilà pourquoi on observe la réémergence de maladies infectieuses que l'on croyait disparues.

Fléau de la diarrhée

Selon l'Organisation mondiale de la santé (OMS), des millions de personnes meurent en raison de la pollution de l'eau et de l'environnement. Le manque d'hygiène, et cette pollution de l'eau provoquent la diarrhée (ou gastro-entérite infectieuse), qui entraîne 20 millions de morts par an. La quasi-totalité du monde rural tropical ou subtropical boit de l'eau insalubre et a bien peu d'accès aux soins.

Une amélioration très nette

Un enfant qui naît aujourd'hui dans un pays en développement a une espérance de vie moyenne de 66,9 ans, alors que celle-ci atteignait à peine 46 ans il y a un demi-siècle. Mais les évolutions sont diverses selon les continents. Au cours des 40 dernières années, la mortalité infantile a été divisée par 4 en Asie de l'Est, par 3 en Amérique latine et Asie du Sud-Est, et par 1,2 seulement en Afrique subsaharienne.

Le paludisme

Le paludisme est une maladie de la zone intertropicale provoquée par un parasite microscopique transmis par un moustique, l'anophèle. Cette maladie se manifeste par de violents accès de fièvre, et sa forme la plus sévère provoque des centaines de milliers de morts chaque année, principalement chez les enfants d'Afrique. Les programmes de lutte menés entre 2008 et 2010 ont permis, grâce à la distribution de moustiquaires imprégnées d'insecticide, de diminuer de 50 % le nombre de cas recensés dans de nombreux pays africains.

Cet insecte, l'anophèle, transmet le paludisme.

carte mondiale des risques de paludisme

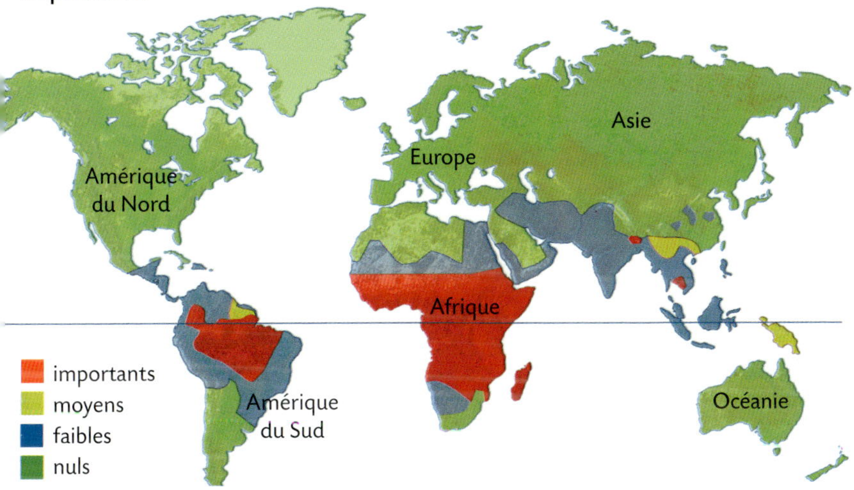

Médicaments génériques

Pour améliorer l'accès aux médicaments des pays en développement, un accord a été signé à Doha (Qatar), fin 2001. Il prévoit qu'en cas d'urgence sanitaire, il est possible de fabriquer des médicaments génériques, copies des médicaments de l'industrie pharmaceutique protégés par des brevets. Malheureusement, les États-Unis bloquent ce compromis depuis décembre 2002, en le réduisant à trois maladies : sida, tuberculose et paludisme.

L'épidémie de sida

L'épidémie mondiale de sida frappe 32,8 millions de personnes et en tue 1,8 million par an. Les premiers cas de la maladie ont été décrits en 1979, et le virus isolé en 1983 (VIH, virus de l'immunodéficience humaine). La contamination se fait par relation sexuelle ou transmission sanguine. Ces dernières années, la croissance de l'épidémie s'est stabilisée : le nombre annuel de nouvelles infections recule régulièrement et on constate une diminution du nombre de décès grâce à l'élargissement de l'accès aux médicaments.

« On peut se protéger du sida », affirme cette affiche pour la prévention du sida, en Zambie.

L'ONU et les multiples organisations internationales qui lui sont affiliées ont la lourde tâche d'organiser le monde pour le maintenir en paix.

Institutions internationales

Après la Seconde Guerre mondiale, il a paru indispensable de mieux organiser le monde pour le maintenir en paix. C'est le rôle assigné à l'ONU (Organisation des Nations unies) et aux institutions internationales qui l'entourent.

Un système complexe

L'assemblée générale de l'ONU discute de toute question relative à la paix. Chaque État membre dispose d'une voix, quels que soient sa taille ou son poids économique. Mais le rôle de l'assemblée n'est que consultatif. L'institution la plus puissante de l'ONU est le Conseil de sécurité : son rôle est de maintenir la paix et il peut utiliser la force. Il dispose de cinq membres permanents (États-Unis, Chine, France, Royaume-Uni et Russie) et de dix membres élus pour deux ans par l'assemblée générale.

L'ONU en crise

En 2003, et pour la première fois depuis 1945, les États-Unis ont bafoué l'avis de la majorité des membres du Conseil de sécurité en déclenchant la guerre d'Irak. Cette application du « droit du plus fort » est lourde de menaces pour l'avenir du droit international. C'est pourquoi Kofi Annan, alors secrétaire général de l'ONU, a estimé que le Conseil de sécurité devrait être rendu plus représentatif pour que ses décisions apparaissent plus légitimes et soient désormais respectées.

Casque bleu des Nations unies en Bosnie.

OMC et environnement

Les règles de l'OMC (Organisation mondiale du commerce) sont établies pour faciliter le commerce, et ont de ce fait des effets négatifs sur l'environnement : c'est ainsi que les pays qui pêchent le thon avec des filets dérivants (qui causent la mort des dauphins) ont gagné leur procès contre le décret américain qui refusait l'importation des thons pêchés selon cette technique ! La menace de sanctions de l'OMC peut donc être un frein à l'adoption de lois sur l'environnement.

Grand auditorium de l'immeuble de l'ONU à New York.

L'organisation du commerce mondial

L'Organisation mondiale du commerce (OMC) a été créée pour résoudre les conflits commerciaux entre les États. Cette institution cumule les pouvoirs : elle décide de ce que doit être le commerce international, en rédige les lois et les fait appliquer. Elle dispose d'un tribunal pour juger des entraves au commerce qu'elle estime injustifiées. L'OMC possède des pouvoirs très importants et peut décider de punir les États qui ne respectent pas ses décisions en leur imposant d'énormes amendes.

Le monde du travail

L'Organisation internationale du travail (OIT) réunit les représentants des gouvernements, des employeurs et des travailleurs, pour recommander des normes internationales sur la législation du travail, de manière que les travailleurs soient protégés. Mais, pour attirer les entreprises et les inciter à s'installer sur leur sol, de nombreux pays mettent en avant les faibles salaires et leurs lois sociales peu développées. Cela ne facilite pas le travail de l'OIT.

Parlement mondial des enfants

Le Parlement mondial des enfants s'est réuni pour la première fois du 21 au 24 octobre 1999 à Paris, à l'initiative de l'Assemblée nationale française et de l'Organisation des Nations unies pour l'éducation, la science et la culture (Unesco). Quelques 348 collégiens et lycéens du monde entier y ont adopté un « Manifeste de la jeunesse pour le XXIe siècle », qui se veut un message de fraternité et d'espérance.

La dette des pays du Sud

De nombreux pays du Sud ont contracté des dettes importantes auprès des prêteurs internationaux. Le poids de cette dette a eu des effets catastrophiques sur l'environnement.

Marche de protestation contre le FMI, accusé par les manifestants de provoquer la mort des pays pauvres et endettés, du fait des conditions très rigoureuses imposées pour le remboursement.

La politique du FMI

Le FMI (Fonds monétaire international) a longtemps accordé ses crédits à condition que le pays emprunteur équilibre ses dépenses par des recettes équivalentes : suppression des barrières douanières, réduction des salaires des fonctionnaires, diminution des dépenses publiques dans les secteurs de la santé, l'enseignement ou l'aide sociale, privatisation des services publics, promotion des exportations.

Des conséquences désastreuses

La suppression des droits de douane rend les productions locales plus chères que beaucoup de produits importés. C'est le cas en particulier des produits agricoles des pays riches qui sont vendus bien au-dessous de leur coût réel, car ils sont fortement subventionnés. De ce fait, le pays endetté est contraint d'acheter le même produit à l'étranger. À moins que, pour diminuer les prix des produits locaux, le gouvernement ne diminue le salaire des producteurs et n'abaisse les conditions de sécurité.

Les produits locaux vendus sur les petits marchés sont concurrencés par les produits importés et subventionnés, beaucoup moins chers.

Un pillage généralisé

Les pays qui ont une dette importante ont un besoin immédiat de devises. Or les seules ressources des pays du Sud sont les matières premières et les produits agricoles. Tous se retrouvent donc en concurrence sur les marchés mondiaux, ce qui entraîne un effondrement des prix. Le seul moyen de maintenir un revenu constant, c'est d'encourager les paysans à davantage produire pour l'exportation en abandonnant leurs cultures vivrières et en défrichant les forêts. Si bien que la dette a été directement responsable d'une grande partie de la déforestation pratiquée dans les pays les plus pauvres.

Poche de déforestation à Madagascar.

Exorbitant

Les taux de la dette changent et ne dépendent que des prêteurs, leur fournissant des revenus exorbitants : c'est ainsi que la Zambie a déboursé 150 millions de dollars de plus pour le service de sa dette que ce qu'elle a dépensé pour l'éducation en 2004. L'annulation d'une partie de la dette, décidée par les pays riches en 2005, est donc une simple question d'équité.

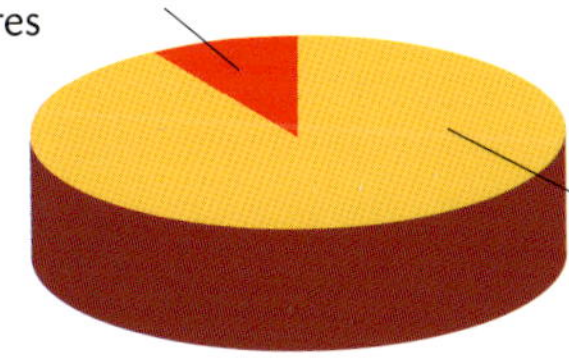

dette comparée des pays riches et pauvres

58 000 milliards de dollars

La dette des pays riches s'élève au total à 58 000 milliards de dollars. Celle des pays pauvres à 2 500 milliards de dollars, soit vingt fois moins environ. L'annulation de la dette des pays pauvres ne représenterait donc qu'une goutte d'eau dans les finances mondiales et ne ferait courir aucun risque au système financier global.

Des réformes en cours

Pour pallier ces problèmes, le FMI a entamé une profonde transformation : un poids plus important est accordé aux pays pauvres, la transparence des débats est accrue et la décision d'accorder une aide ne dépend plus seulement d'une bonne gestion, mais est aussi conditionnée par le respect des droits de l'homme.

Des firmes mondiales

Le XXe siècle a été marqué par une énorme augmentation de la taille des firmes multinationales. Beaucoup d'entre elles sont aujourd'hui aussi puissantes que certains États.

Une expansion continue

Créées au cours du XXe siècle, les firmes comme Ford, General Motors, Coca-Cola ou IBM s'agrandissent rapidement. Pour arriver à vendre à l'étranger, malgré les protections douanières de l'époque, elles créent des filiales à l'étranger. Dans les années 1980, ces contraintes douanières cessent.

C'est en 1990, que McDonald's à ouvert un premier restaurant à Pékin.

Des firmes « nomades »

Les multinationales modifient aussitôt leur fonctionnement en profitant de la faiblesse du coût des transports et des facilités de communication : elles deviennent alors « nomades » en choisissant leurs fabricants dans le monde entier. C'est ainsi que Carrefour, Benetton ou Nike font réaliser leurs produits par des fabricants extérieurs. Puis les firmes y apposent leur marque et les vendent dans tous les pays.

Femme en costume traditionnel devant une publicité Coca-Cola, au Népal.

Un poids économique énorme

Les multinationales possèdent un poids économique très important : le chiffre d'affaires de Nokia est du même ordre que le produit intérieur brut (PIB) de la Croatie, celui de Toyota est comparable au PIB de la Colombie, celui d'Exxon Mobil au PIB de l'Autriche, etc.
Les firmes sont si puissantes qu'elles peuvent choisir l'implantation de leurs nouvelles usines en faisant jouer la concurrence entre les États. Elles organisent ainsi librement le travail dans le monde, en choisissant de produire dans de nombreux pays émergents, mais en maintenant le pouvoir de décision et la maison mère dans le pays développé d'origine.

Le pouvoir des consommateurs

Malgré leur puissance, les multinationales sont soumises au contre-pouvoir croissant des consommateurs. C'est ainsi que le film documentaire *The Big One*, de Michael Moore, a dénoncé les conditions de travail chez les fabricants de Nike, entraînant la réaction immédiate de la firme et la suppression du travail des enfants sur ses chaînes de fabrication d'Indonésie.

Une grande liberté

Comme elles sont simplement soumises aux lois des États où elles sont implantées, les multinationales choisissent souvent d'installer leurs chaînes de fabrication dans des pays où la main-d'œuvre est bon marché, mais aussi où les lois de protection des salariés ou de l'environnement sont peu développées. Cela leur permet de produire à meilleur marché.

Affiche créée en 1918 pour promouvoir l'action de la Croix-Rouge.

Le rôle des ONG

La Croix-Rouge, première des organisations non gouvernementales (ONG), est apparue en 1864. Depuis cette date, les ONG se sont multipliées et renforcées. Elles sont aujourd'hui les partenaires des États, des institutions internationales et des firmes multinationales.

L'histoire de la Croix-Rouge

Le 24 juin 1859, une bataille oppose à Solferino les troupes franco-piémontaises aux Autrichiens. Le Suisse Henri Dunant soigne sans distinction les soldats des deux camps. En 1863, il est un des fondateurs du Comité international de secours aux militaires blessés (qui deviendra le Comité international de la Croix-Rouge). Une conférence diplomatique adopte en 1864 la « convention de Genève pour l'amélioration du sort des blessés en campagne » et l'emblème de la croix rouge sur fond blanc.

Montée en puissance

On compte aujourd'hui environ 50 000 ONG. Elles représentent une puissance financière considérable. Les plus riches, comme World Vision, Care ou Oxfam, disposent d'un budget annuel supérieur à 500 millions de dollars. D'abord créées par des volontaires bénévoles, les ONG se sont professionnalisées afin d'assurer leur action partout dans le monde. Leur présence dans les divers médias et leur excellente connaissance du terrain les rendent irremplaçables.

ONG et ONU

Les ONG sont présentes à l'ONU depuis sa fondation en 1945. Leur influence s'est accrue à la suite de la famine africaine de 1984-1985 et de la Conférence mondiale sur les femmes de 1985. Elles ont depuis réussi à faire reconnaître leur rôle quasi officiel lors du Sommet de la planète Terre, en juin 1992, à Rio de Janeiro.

Charrette transportant des semences pour les distribuer aux villageois de la part de l'organisation Oxfam, au Cambodge.

Mobilisation générale

Le tsunami qui a frappé les côtes d'Asie le 26 décembre 2004, faisant des centaines de milliers de victimes, a entraîné une mobilisation sans précédent des ONG du monde entier. Médecins du monde, Médecins sans frontières et la Croix-Rouge ont pris en charge les soins de santé d'urgence. Care International a assuré la rémunération de journaliers déblayant les débris et la distribution de bateaux aux pêcheurs, Handicap international a pris en charge des handicapés, Frères des hommes et Emmaüs international la reconstruction, etc.

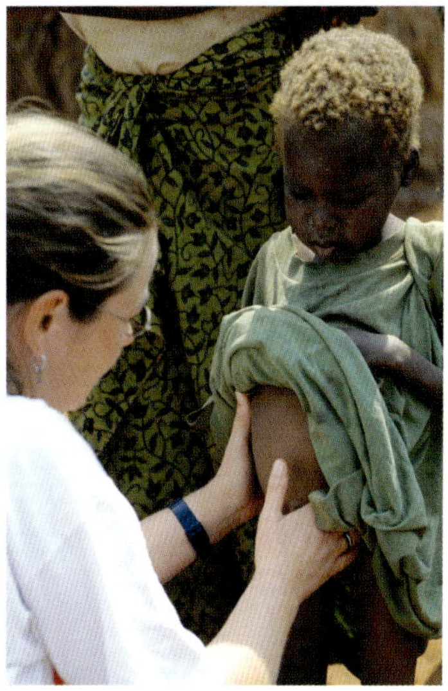

Un médecin examine un enfant malade.

De la santé à l'écologie

Médecins sans frontières est une association dont 2 500 membres (médecins, chirurgiens, infirmières...) partent en mission pour soigner les populations en danger. Greenpeace, la « multinationale verte », mène ses actions dans le domaine de l'environnement, luttant pour la protection de la planète et son désarmement. Les manifestations de cette organisation sont spectaculaires et non violentes, évitant toute destruction ou toute atteinte aux personnes. Amnesty International œuvre pour les droits de l'homme et cherche à obtenir la libération de tous les prisonniers d'opinion de la planète. L'organisation milite contre la peine de mort et la torture.

Des actions « phare »

Les ONG sont à la base de l'élaboration d'un droit international différent de celui qui aurait résulté d'un simple rapport de force entre États. On leur doit la Convention sur l'interdiction des mines antipersonnel (1999), la création de la Cour pénale internationale et l'adoption d'un accord sur la production et l'exportation de médicaments génériques par les pays du Sud.

Action de Greenpeace dans la forêt amazonienne brésilienne.

Le village planétaire

Les acteurs sociaux, les syndicats et les citoyens en réseaux, mais aussi les mafias et les organisations terroristes, influencent profondément le fonctionnement de la planète.

Manifestation des femmes pour la paix en Casamance, en février 2011, lors du forum social à Dakar, au Sénégal.

Mouvements sociaux

Les forums sociaux de Porto Alegre (2001), Bombay (2004), Nairobi (2007) ou Dakar (2011) ont permis de faire connaître les mouvements sociaux internationaux. Ces lieux de réflexion, regroupant des travailleurs du monde entier, visent à lutter contre un monde jugé comme uniquement préoccupé par le commerce des biens matériels. Les participants rêvent de fonder un monde plus juste, où l'humain serait au centre des préoccupations politiques.

Syndicalisme mondial

Le mouvement syndical mondial encore balbutiant vise à jouer un rôle dans la mondialisation. La Confédération internationale des syndicats libres (CISL) rassemble 233 organisations issues de 152 pays et possède 150 millions d'adhérents. Les FSI (Fédérations syndicales internationales) regroupent ceux qui relèvent d'un même secteur d'activité. La CISL et les FSI tentent de développer des accords qui s'imposeraient à toute une branche d'activité au niveau mondial.

Des activités illégales

L'absence de règles financières concernant les mouvements de capitaux a permis à des activités illégales de se développer et de prendre une ampleur planétaire : la moitié des mouvements financiers mondiaux passe par les « paradis fiscaux », des pays où la surveillance des mouvements d'argent et de leur provenance est très réduite. Ce qui permet à de nombreuses organisations criminelles d'étendre leurs activités. La fraude fiscale des individus très riches ou des entreprises multinationales, mais également la corruption des hommes politiques sont aussi facilitées.

Les réseaux Internet

De simples internautes, mais aussi des experts, des terroristes, etc. sont reliés par Internet et peuvent joindre leurs efforts pour aboutir à des actions collectives mondialisées aux effets spectaculaires. Les réseaux sociaux comme Facebook ou Twiter ont joué un rôle important dans les révolutions arabes de Tunisie ou d'Égypte, en permettant de diffuser mots d'ordre ou images en temps réel.

En décembre 2010 et janvier 2011, les Tunisiens ont fait la « révolution du jasmin » qui a abouti au départ du président Ben Ali.

Raffinerie de pétrole en Alberta (Canada) : elle fabrique essence, carburéacteur, gazole, etc.

Les hommes et la Terre

La présence des hommes a eu un premier impact significatif sur la planète à la suite de l'invention de l'agriculture et de l'élevage. Un deuxième seuil important a été franchi avec les bouleversements de la révolution industrielle et de l'expansion démographique

Des primates à Cro-Magnon

En quelques millions d'années, les primates donnent naissance à l'homme. Cette évolution est marquée par l'augmentation du volume du cerveau, la fabrication d'outils, la production du feu et la maîtrise du langage.

Les primates de la forêt

Il y a 32 millions d'années (Ma), les primates pullulent dans la forêt équatoriale. Leurs yeux orientés vers l'avant leur assurent une excellente vision. Quand la forêt recule, il y a 10 Ma, de grands primates marchent de plus en plus dans la savane sur leurs pattes arrière. Au début de l'ère quaternaire, il y a 2,5 Ma, certains de ces animaux de savane gagnent en habilité : ce sont les premiers hommes, des bipèdes au gros cerveau qui fabriquent des outils.

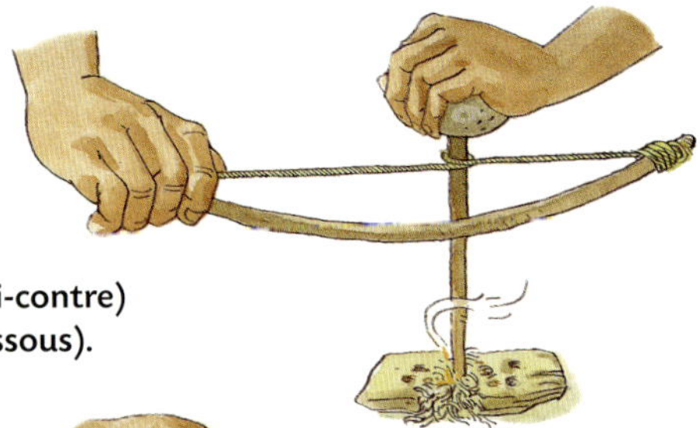

Pour faire du feu, les premiers hommes ont utilisé la friction (ci-contre) ou la percussion (ci-dessous).

Les hommes de Néandertal pratiquent une chasse organisée, qui consiste à faire tomber le gibier dans des précipices.

À la découverte du monde

Entre – 2 Ma et – 1 Ma, les hommes quittent le berceau africain. Ils colonisent l'Europe et l'Orient, puis apprennent à utiliser et à fabriquer le feu. De – 130 000 ans à – 30 000 ans, l'homme de Néandertal, chasseur habile adapté au froid, règne sur l'Europe. En – 40 000 apparaît Cro-Magnon, l'homme moderne, qui coexiste pendant 10 000 ans avec Néandertal. On doit à Cro-Magnon de nombreuses inventions techniques, comme l'aiguille, le harpon et le propulseur, et les toutes premières œuvres d'art. L'impact de l'homme sur l'environnement se traduit (déjà !) par la disparition du mammouth, chassé trop efficacement.

Le propulseur permet de lancer une sagaie à plus de 150 km/h.

Bipédie et taille du cerveau

La bipédie a une conséquence sur la durée de la grossesse des femmes. La station debout entraîne en effet une pression de la tête du bébé vers le bas, ce qui provoque une naissance prématurée. Le bébé, trop précoce, nécessite des soins de ses parents (nourrissage, surveillance) plus longtemps. En contrepartie, son cerveau peut continuer à se développer après la naissance. Un crâne trop gros rendrait l'accouchement difficile.

Parlaient-ils ?

Pour parler, il faut un larynx de forme particulière et un cerveau susceptible de le contrôler. S'il ne reste rien des larynx des premiers hommes, on sait en revanche que les os du crâne conservent l'empreinte du cerveau. Or, on trouve sur les crânes des premiers hommes l'empreinte des deux zones qui correspondent au langage : les aires de Broca et de Wernicke. Les premiers hommes étaient donc aptes au langage. Mais parlaient-ils ? Mystère...

préparation de la face principale

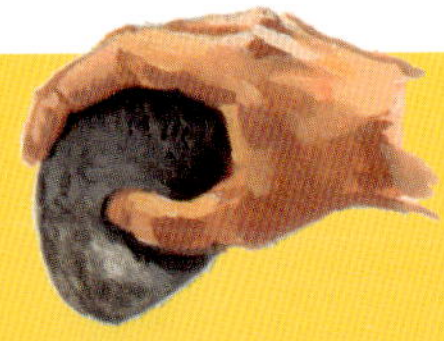

préparation du plat de frappe

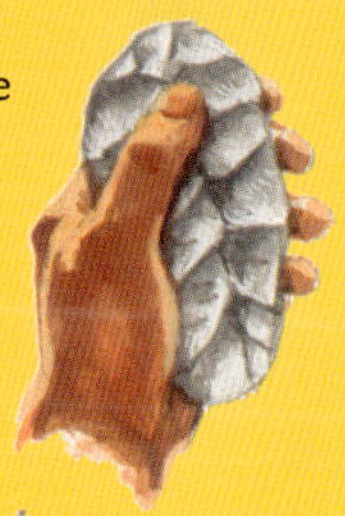

Progrès des outils

Il y a 2,3 Ma, les premiers hommes fabriquent des outils de pierre (tranchoirs) en frappant un galet avec une pierre dure. Vers – 1,6 Ma apparaissent de nouveaux outils en forme d'amande : les bifaces. Plusieurs centaines de milliers d'années plus tard, les Néandertaliens inventent la « taille Levallois » pour fabriquer des outils spécialisés : racloirs, pointes, outils à dents, couteaux. Cro-Magnon met au point de nouvelles techniques de taille et invente l'aiguille à coudre en os, qui permet la fabrication d'outres, de tentes et de vêtements.

percussion destinée à détacher un éclat

L'outil obtenu a la forme prévue par le tailleur.

bloc de départ (nucléus)

Un éclat est enlevé.

Trois éclats sont enlevés.

biface terminé

L'agriculture et l'élevage

Ces chasseurs du Néolithique transportent le gibier.

Au début du Néolithique, les hommes, qui étaient des nomades chasseurs-cueilleurs, deviennent des agriculteurs-éleveurs. Ils commencent à modifier la planète pour exercer leurs activités.

Villages du « Croissant fertile »

À l'est de la Méditerranée s'étend une région en forme de croissant, riche en prairies et en forêts. Le climat agréable favorise la pousse des céréales, et le gibier est abondant. Les nomades décident de s'y fixer et construisent les premiers villages. Leurs maisons aux murs d'argile sont bâties sur des fondations de pierre. Le toit de branches recouvertes d'argile est posé sur des poutres en bois.

Le village néolithique de Skara Brae, dans le nord de l'Écosse, est resté enfoui dans le sable pendant des siècles.

Partout dans le monde

Dans différentes régions du monde, les hommes ont domestiqué les plantes et les animaux de leur région. En Amérique, la culture du maïs à partir de la téosinte (une plante sauvage) s'est réalisée plus de 4000 ans avant J.-C. Les premiers villages apparaissent ensuite, avant la domestication des lamas, des dindons et des cochons d'Inde. Au IIIe millénaire avant J.-C., en Éthiopie, on cultive le sorgho qui gagne ensuite toute l'Afrique. En Asie, le porc et la poule sont domestiqués en Chine, le buffle en Indonésie. Le riz est cultivé depuis plus de 7000 ans dans ces deux pays.

Les débuts de l'agriculture

Les hommes commencent à semer de façon systématique une partie des graines récoltées dans la nature. Ils préparent le sol avec des pics en bois, et utilisent pour la récolte des faucilles au tranchant de silex ou d'obsidienne. D'année en année, le simple fait de ressemer les plus gros grains arrivés à maturité au même moment sélectionne des variétés de plus en plus adaptées à la culture et de plus en plus éloignées des plantes sauvages.

L'élevage

L'élevage apparaît vers – 8 000 ans au Moyen-Orient. Les chèvres et les moutons sont les deux premières espèces domestiquées. Ils se nourrissent de plantes que les humains ne mangent pas, grandissent vite et sont faciles à surveiller en troupeaux. Un millénaire après, les hommes élèvent les aurochs et les sangliers. Une sévère sélection aboutira aux bovins et aux porcs.

La céramique

Pour le stockage des graines et des semences, rendu nécessaire par l'importance des récoltes, il faut des récipients étanches et sûrs. C'est au VIIe millénaire avant J.-C. que la céramique fait son apparition, avec les premières poteries chauffées à 800 °C. La cuisson s'effectue dans des trous creusés dans la terre et recouverts de branchages. La cuisson dans des fours permettra bientôt d'atteindre 1 000 °C et d'obtenir de véritables céramiques, à la fois solides et… jolies.

cuisson des poteries dans le sol, au moyen de branches enflammées recouvrant les vases

L'empreinte des dieux

Les religions influent sur les rapports des hommes à leur environnement. Elles peuvent les inciter à dominer la nature ou au contraire à privilégier leur harmonie avec l'univers.

Religions de la nature

L'homme des sociétés traditionnelles (Afrique, Océanie, etc.) est adepte de l'« animisme » et place l'esprit partout : dans les pierres, le vent, les animaux. Pour lui, les morts sont toujours vivants et agissants. Le chamanisme, qui existe en Sibérie, chez les Indiens d'Amérique et en Corée, distingue le monde concret du monde des esprits. Le chaman est en rapport avec les esprits par l'intermédiaire de songes ou de visions. Ces diverses religions tendent à respecter un environnement peuplé par les esprits.

Vue sur le mont Akoo-Yet aux États-Unis, montagne sacrée des Indiens Ajuma.

La voix des arbres

« Saviez-vous que les arbres parlent ?
Ils le font pourtant !
Ils se parlent entre eux et ils vous parleront
si vous écoutez.
L'ennui avec les Blancs, c'est qu'ils n'écoutent pas !
Ils n'ont jamais écouté les Indiens, aussi je suppose
qu'ils n'écouteront pas les autres voix de la nature.
Pourtant, les arbres m'ont beaucoup appris :
tantôt sur le temps,
tantôt sur les animaux,
tantôt sur le Grand Esprit. »

Tangata Mani, Indien Stoney

François d'Assise, l'écologiste

« Loué sois-tu, mon Seigneur,
pour sœur notre mère la Terre
Qui nous porte et nous nourrit,
Qui produit la diversité des fruits,
Et les fleurs diaprées et les herbes. »

Bouddhisme et respect de la vie

Du fait de sa croyance en la réincarnation (nous avons été ou nous serons des animaux, au cours d'autres vies successives, en fonction de nos actes), le bouddhisme affirme l'interdépendance de tous les êtres et donc le respect absolu de toute vie, quelle que soit la créature concernée.

L'action des divers ordres religieux au Moyen Âge a profondément modifié les paysages de l'Occident. Ici, l'abbaye d'Eberbach, en Allemagne.

Religions de la Bible

La Bible place la création sous la responsabilité de l'homme : il est le maître de la nature et doit mettre la Terre en valeur. Pendant le Moyen Âge, les ordres religieux vont donc assécher les marais, défricher les forêts, implanter les cultures. Pour les protestants, c'est Dieu qui permet la réussite du travail humain, lequel sacralise l'homme. L'argent gagné doit être réinvesti pour produire plus de richesse, le but étant le partage et le bien commun. Le protestantisme a donc favorisé l'installation de la société industrielle.

Protestants et nature

Les protestants manifestent un grand intérêt pour la nature, considérée comme l'œuvre de Dieu. Arrivant en Amérique, ils délimitent des espaces protégés, dont le premier parc naturel, le Yellowstone en 1872.

Des terres gagnées sur la mer

Les Pays-Bas sont un des exemples les plus remarquables de l'influence des hommes sur leur milieu. Depuis le XIIIe siècle, les populations n'ont cessé de construire des digues et de drainer pour gagner des terres sur la mer, les polders.

Ce moulin à vent, au milieu des polders, permet le drainage des eaux.

Le delta du Rhin et de la Meuse

La majeure partie du territoire néerlandais est formée par l'embouchure du Rhin et de la Meuse rejoignant la mer. Pendant plus d'un million d'années, ces fleuves ont rempli leur delta de sable et d'argile provenant des montagnes en amont. Il y a 3 000 ans, de petites dunes de sable se formèrent le long des côtes. Derrière ces dunes, s'installa une région vaseuse transformée en un grand marécage où d'énormes quantités de tourbe (débris végétaux) s'accumulèrent.

Le pays de la tourbe

En Hollande, la couche de tourbe peut atteindre 6 mètres de hauteur. Ces gigantesques matelas imbibés d'eau constituent un milieu hostile, mais la croissance de la population observée au XIIIe siècle et le manque de terres cultivables ont rendu leur exploitation essentielle.

Une agriculture méthodique

Pour cultiver un milieu formé de tourbe, il faut drainer le sol, c'est-à-dire en enlever l'eau. Les premiers occupants creusent des tranchées de drainage pour abaisser le niveau des eaux. La tourbe issue des tranchées est mélangée au purin, puis étendue sur les champs, ce qui permet de cultiver des céréales et d'élever des moutons. Mais le drainage contracte la tourbière, formée à 80 % d'eau. Si bien que les terres s'enfoncent régulièrement, ce qui oblige à drainer davantage et à construire des digues pour éviter l'envahissement par la mer.

Révolution du moulin à vent

À partir du XVe siècle, la pompe à eau actionnée par le moulin à vent draine plus efficacement les eaux. Des moulins à vent plus perfectionnés et plus puissants se généralisent au XVIIe siècle. Mieux drainés, les polders se transforment en pâturages, et l'élevage devient rentable. Le fromage de Hollande se développe donc grâce aux moulins à vent !

De l'âge d'or à aujourd'hui

Au XVIIe siècle, la Hollande connaît une période de prospérité. La tourbe est le combustible le plus utilisé. Son transport, très économique, se fait par le réseau de canaux. Mais l'exploitation inconsidérée entraîne l'érosion puis la destruction de la région. Ce n'est qu'au XIXe siècle que la détérioration du paysage est enfin ralentie. Aujourd'hui, la région est drainée par un système complexe de pompes électriques, établissant un nouvel équilibre écologique dont l'homme fait partie intégrante.

Fabrique un moulin à vent

- **Du papier résistant**
- **1 perle de plastique**
- **1 bâton**
- **1 épingle à tête**
- **Des ciseaux**

1. Découpe dans le papier un carré de 20 cm de côté.

2. Coupe le carré à partir de chaque coin en te dirigeant vers le centre et en t'arrêtant à 2 cm de celui-ci.

3. Replie vers l'intérieur les pointes de chaque section.

4. Garde les 4 pointes au milieu en y insérant une épingle à tête.

5. Insère la perle entre le bâton et le papier. Au moindre souffle de vent, ton moulin à vent se met à tourner.

Explorateurs du monde

L'exploration systématique de la planète a été menée à l'époque de la Renaissance. Elle a permis la découverte de l'Amérique par les Européens et entraîné pour le monde entier un profond changement bioculturel.

Les routes d'Orient

En 1271, un jeune Vénitien, Marco Polo, entreprend un voyage en Asie et atteint la cour de l'empereur mongol Koubilaï. Il y reste 17 ans. Le récit de ses aventures, *Le Livre des merveilles*, écrit en français et traduit dans la plupart des langues européennes, obtient un succès colossal. De nombreux échanges se développent, permettant d'importer d'Asie en Europe papier-monnaie, poudre à canon et imprimerie. En 1368, ces échanges s'interrompent avec la fin de l'Empire mongol.

Explorations portugaises

Au XVe siècle, les Portugais, sous l'impulsion du prince Henri le Navigateur, entreprennent l'exploration des côtes ouest de l'Afrique. En 1487, Bathélemy Diaz dépasse le cap de Bonne-Espérance. En 1498, Vasco de Gama atteint Calicut, sur la côte de l'Inde. Ces découvertes entraînent un flux nouveau de marchandises de l'Asie vers l'Europe : les centres du commerce et de la civilisation se déplacent de la Méditerranée à l'Atlantique.

Sagres, centre d'exploration

Pendant 40 ans, le prince Henri le Navigateur installe son quartier général à Sagres, à la pointe ouest du Portugal. Il y regroupe les cartographes les plus célèbres de l'époque, ainsi que les constructeurs de navires, les marins, les voyageurs et les savants les plus prestigieux. Toutes les nationalités s'y côtoient et une bibliothèque regroupe les récits des grands voyageurs. C'est à Lagos, tout près de Sagres, qu'est mise au point la caravelle, petit vaisseau très efficace de 20 mètres de long.

La boussole, instrument inventé en Chine, est utilisée par tous les grands navigateurs.

Le compas magnétique comporte une rose des vents à 32 directions solidaire d'une aiguille aimantée. Il permet à l'homme de barre de maintenir le cap.

Trajet des expéditions
portugaises et espagnoles :
Vasco de Gama | Magellan | Christophe Colomb.

Découverte de l'Amérique

Le Génois Christophe Colomb, parti vers l'ouest pour atteindre les Indes, aborde en 1492 les côtes d'un continent inconnu qu'il prend pour le Japon. Christophe Colomb vient de découvrir un nouveau monde, dominé par les civilisations aztèque et inca. Très vite, les Espagnols vont passer de la découverte à la conquête. Les conquistadores Cortés au Mexique et Pizarro au Pérou anéantissent brutalement ces civilisations anciennes.

Tragiques conséquences

La rencontre entre Européens et Amérindiens a eu de nombreuses répercussions : bovins, porcs et chevaux passent en Amérique où ils se mettent à proliférer, tandis que le maïs, la tomate ou le dindon font le trajet inverse et sont introduits en Europe. Mais la conséquence la plus tragique fut la disparition des populations locales : le travail forcé des Indiens et l'importation (involontaire) de maladies nouvelles font passer en un siècle la population autochtone du continent américain de 20 % de la population mondiale à 2 % à peine.

Découvreurs de l'Univers

Le passage de l'observation à l'œil nu à l'observation instrumentale constitue l'un des plus grands progrès de l'histoire.
À la Renaissance, la mise au point du télescope et du microscope ouvre aux hommes des perspectives nouvelles sur l'Univers.

Galilée, savant italien qui, grâce à sa lunette, découvre le relief de la Lune et les satellites de Jupiter.

L'invention du télescope

La lunette fut inventée par hasard dans l'atelier d'un opticien hollandais de Middelburg : Hans Lippershey. Deux enfants jouant constatèrent que si l'on regardait à travers deux lentilles, l'une divergente et l'autre convergente, on voyait un paysage considérablement grossi. L'opticien se lança aussitôt dans la fabrication de télescope et, très vite, la fameuse lunette se diffusa dans toute l'Europe.

Fabrique une lunette astronomique

Tu pourras ainsi observer le ciel, les étoiles, et la lune, durant les belles nuits d'été.

- **1 bouchon de liège percé d'un trou**
- **2 tubes de carton, dont l'un coulisse exactement dans l'autre**
- **La lentille d'un compte-fils ou une loupe de philatéliste**
- **Une autre lentille de distance focale 20 à 30 cm**
- **Pâte à modeler ou ruban adhésif**

1. Fixe la lentille du compte-fils dans le bouchon percé d'un trou : c'est l'oculaire.

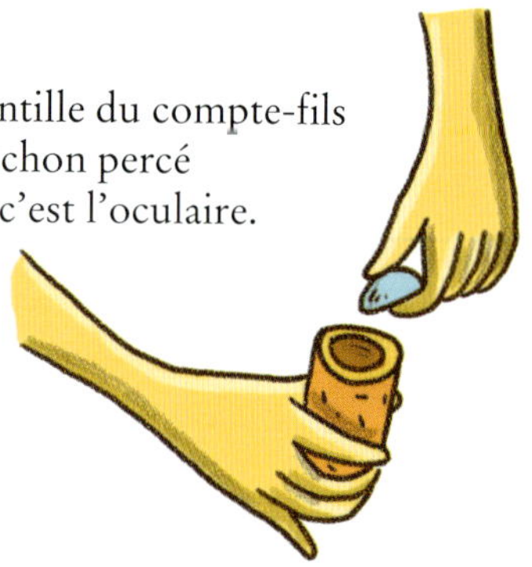

2. Fixe ce bouchon dans le tube de carton de plus petit diamètre, au moyen de la pâte à modeler ou du ruban adhésif.

La révolution de Copernic

Depuis l'Antiquité, les hommes considèrent que la Terre est immobile, plantée au centre de l'Univers. Pourtant Copernic (1473-1543), imagine un système différent : la Terre, loin d'être immobile, tourne autour du Soleil, qui demeure fixe au centre de l'Univers. Cette idée, qui va à l'encontre de ce que nous observons, fut exposée dans l'ouvrage *De revolutionibus*.

Galilée et sa lunette

En 1609, Galilée fabrique une lunette de grossissement 9 puis la perfectionne pour atteindre le grossissement de 30. Il la pointe ensuite vers le ciel et découvre des merveilles : la surface rugueuse de la Lune, les milliards d'étoiles de la Voie lactée et les quatre satellites de Jupiter. Il publie en 1610 *Le Messager céleste*, une brochure de 24 pages qui dévoile ses découvertes au public. Gallilée prend désormais parti pour le système de Copernic en raisonnant par analogie : Jupiter tourne autour du Soleil et possède quatre satellites. La Terre tourne aussi autour du Soleil et possède un satellite : la Lune.

3. Fixe de la même façon l'autre lentille à l'extrémité du tube le plus gros. Il suffit ensuite d'enfoncer l'un des tubes dans l'autre pour rendre les images nettes et observer les détails de la surface de la Lune.

Le microscope et ses pionniers

Le microscope fut sans doute inventé par Zacharie Jansen, un lunetier de Middelburg. En 1665, paraît la *Micrographia* de Robert Hooke (1635-1703), qui va éveiller l'intérêt de toute l'Europe savante pour les merveilles de l'infiniment petit. Antonie Van Leeuwenhoek (1632-1723) sera le pionnier de cette nouvelle science. Ce drapier hollandais, qui utilisait des verres grossissants pour examiner ses marchandises, fabriquera en tout quelque 550 lentilles, dont la meilleure grossissait 500 fois. Simple amateur, il fut élu membre de la Royal Society de Londres en 1680. Il reste le premier à avoir observé des animaux vivants invisibles à l'œil nu, ouvrant ainsi la voie aux découvertes de Louis Pasteur.

Antonie Van Leeuwenhoek, un drapier hollandais passionné par le microscope et ses applications.

Un indigène montre à Humboldt les *vulcancitos* (petits volcans) situés près de Turbaco, en Équateur.

Écologistes voyageurs

Depuis la Renaissance, de nombreux voyageurs parcourent le monde pour découvrir plantes ou animaux encore inconnus. Parmi ces aventuriers, Alexander von Humboldt et Aimé Bonpland sont les inventeurs de la biogéographie et les premiers écologistes.

Une approche nouvelle de la nature

Né à Berlin en 1769, Alexander von Humboldt est épris d'idées neuves et des droits de l'homme. Cet esprit universel pratique toutes les sciences pour « mieux comprendre le fonctionnement de la nature ». En 1790, à Paris, il fait sensation avec ses idées révolutionnaires : il affirme s'intéresser à l'histoire et à la géographie des plantes, et à leur interaction avec les hommes.

La découverte de l'Amérique

Alexander von Humboldt part en expédition scientifique en Amérique latine. Accompagné de son ami Aimé Bonpland, il s'embarque pour le Nouveau Monde en 1799. Les deux hommes explorent les bassins de l'Orénoque et de l'Amazone. Ils assistent à la fabrication du plus fameux des poisons, le curare, et identifient les plantes qui le composent.

La répartition des espèces

Les deux amis escaladent le Chimborazo, volcan culminant à 6 310 m, et parviennent à l'altitude de 5 877 m, devenant ainsi les hommes « les plus hauts » du monde. Au cours de cette ascension, Alexander observe une répartition différente des plantes selon l'altitude : tropicale dans la plaine, tempérée à mi-hauteur, quasi arctique au sommet. Il remarque que cette variation est identique à celle qui existe quand on passe de l'équateur aux pôles.

Cultive un ananas

L'ananas est un fruit originaire d'Amérique centrale.

- **1 ananas**
- **1 pot avec un mélange de sable et de terreau**

1. Procure-toi un ananas bien vert et découpes-en le haut en laissant quelques centimètres de chair.

2. Laisser sécher la coupe quelques jours, puis plante-la dans un mélange de terreau et de sable, en l'enfouissant jusqu'à la base des feuilles.

3. Place ta bouture à 18 °C dans une pièce bien éclairée, et n'oublie pas d'arroser souvent et de vaporiser de l'eau sur les feuilles.

Alexander von Humboldt âgé, dans sa bibliothèque.

Une moisson scientifique variée

À la fin de 1799, les deux explorateurs envoient au Muséum de Paris une magnifique collection de fleurs de la passion, fuchsias, cinéraires, zinnias et orchidées. Le voyage s'achève en 1804, et Alexander publie désormais des comptes-rendus de son voyage : une étude des civilisations primitives du Mexique et du Pérou, un recueil d'observations, sans oublier le livre *Essai sur la géographie des plantes*, qui assurera sa gloire.

La théorie de l'évolution

Au XIXe siècle, il est admis de façon quasi unanime que les espèces animales ont été crées par Dieu et qu'elles ne se transforment pas. Darwin bouleverse cette vision du monde en publiant sa théorie sur la sélection naturelle dans l'ouvrage *L'Origine des espèces*, paru en 1859.

Le navire *Beagle*, sur lequel Charles Darwin fait un voyage de cinq ans autour du monde.

Le voyage du *Beagle*

Charles Darwin se passionne pour l'étude de la nature. Il se fait engager en 1831 comme naturaliste dans le cadre d'une exploration scientifique autour du monde sur le navire *Beagle*. Pendant cinq ans, Darwin observe les milieux, prend des notes, analyse, collecte des milliers de spécimens de plantes et d'animaux. Il découvre – contrairement à ce qu'il croyait – que ni les milieux de la terre, ni les espèces ne semblent fixes et immuables.

Une démarche scientifique

De retour en Angleterre, il entame des expériences sur les vertébrés, les plantes et les insectes. Il étudie les espèces domestiques et la manière dont les éleveurs les transforment. Ainsi, c'est en croisant entre eux les chevaux les plus rapides sur plusieurs générations que l'on obtient des chevaux de course beaucoup plus rapides que leurs ancêtres. De la même manière qu'il existe une sélection artificielle due à l'homme, n'y aurait-t-il pas une sélection naturelle exercée par la pression du milieu ?

L'origine des espèces

Darwin suppose qu'il y a entre les individus une lutte pour l'existence, puisque tous ceux qui naissent ne peuvent survivre, faute de nourriture. La lutte pour l'existence d'un individu, c'est sa capacité à vivre et à laisser des descendants. Or, les individus d'une même espèce présentent de petites différences. Si l'une de celles-ci permet à un individu d'être mieux adapté à son milieu, il se reproduira plus et transmettra sa différence à ses descendants. La « sélection naturelle » retiendra donc les espèces les mieux adaptées à leur milieu, de la même façon que les éleveurs de chevaux de course ne retiennent pour la reproduction que les chevaux les plus rapides.

Portrait de Charles Darwin à l'âge mûr.

L'exemple du phalène

Il existe une forme majoritaire de phalène du bouleau qui est claire et une minoritaire, qui est noire. Ce papillon dort sur les troncs d'arbres argentés. Sa forme claire, moins visible est donc moins chassée. Durant la révolution industrielle, la fumée a noirci les troncs d'arbres. Les prédateurs ont donc facilement repéré les papillons clairs. Si bien que la forme noire a alors pris le dessus jusqu'à en représenter 98 % à la fin du XIXe siècle.

Cheval de trait (à gauche) et pur-sang taillé pour la course (ci-contre) : l'effet spectaculaire de la sélection menée par les éleveurs de chevaux.

L'explosion industrielle

Le passage à la civilisation industrielle constitue une rupture importante de notre histoire. À partir du XIXe siècle, les hommes commencent à marquer de leur empreinte la totalité de l'environnement de la planète.

L'acier, le charbon et la vapeur

La pénurie de bois en Angleterre est résolue au XVIIIe siècle par l'extraction massive du charbon situé dans le sous-sol britannique, une colossale réserve d'énergie fossile accumulée durant les 115 millions d'années du carbonifère. Cette énergie à bon marché permet de fabriquer du fer et de l'acier dans les hauts-fourneaux, et d'animer les machines à vapeur présentes partout : dans les usines, sur les trains et les bateaux. La production en masse de ces usines est écoulée dans des grands magasins, ces « cathédrales du commerce » qui apparaissent dans les grandes villes.

La Ford modèle T est une des premières voitures construites en grande série.

Impact écologique

L'utilisation du charbon dans la première phase de la révolution industrielle entraîne une énorme pollution atmosphérique. Les paysages industriels sont surmontés par les panaches de fumée des usines, et l'Angleterre a le triste privilège de posséder le smog, mélange indissociable de fumées d'usines et de brouillard.

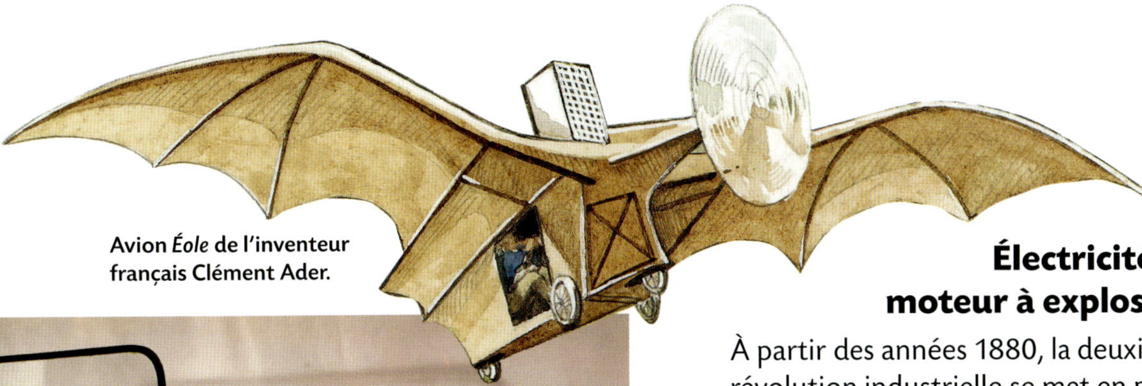

Avion *Éole* de l'inventeur français Clément Ader.

Électricité et moteur à explosion

À partir des années 1880, la deuxième révolution industrielle se met en place en Europe et aux États-Unis, marquée par l'utilisation des nouvelles sources d'énergie que sont l'électricité et le pétrole. L'invention du moteur à explosion en 1885 va permettre de développer l'automobile et l'aviation. Le transport de l'électricité à longue distance transforme profondément la vie des hommes. L'utilisation généralisée de ces nouvelles techniques n'affecte dans un premier temps que la société nord-américaine, avec l'expansion rapide du système automobile, symbolisé par la Ford T.

Bateau à vapeur (ou steamer) propulsé par des roues à aubes.

Dominer la nature ?

Pendant des milliers d'années, l'homme avait dû survivre en utilisant des moyens limités, comme sa propre force ou celle des animaux. La révolution industrielle permet à l'espèce humaine de puiser dans les réserves d'énergie fossile pour multiplier sa puissance sur la nature. À l'aube du XXe siècle, les hommes pensent ainsi qu'ils se trouvent aux débuts d'un âge d'or qui leur apportera le progrès et une vie toujours meilleure.

Industrie et agriculture

Les développements de la chimie, avec l'invention en 1908 d'un procédé de synthèse de l'ammoniac, par le chimiste allemand Fritz Haber, provoquent des bouleversements considérables dans d'autres secteurs comme l'agriculture : les engrais de synthèse, désormais bon marché, augmentent considérablement les rendements agricoles.

Le taux de fécondité des pays développés a beaucoup baissé depuis les années 1960.

L'expansion démographique

La population augmente énormément lors de la révolution industrielle. Le retour à l'équilibre, nécessaire à l'harmonie de la Terre, passe par l'éducation des femmes et leur insertion dans le monde du travail.

L'évolution de la population

La population humaine fait un premier bond 35 000 ans avant J.-C., avec l'introduction des progrès techniques apportés par l'homme de Cro-Magnon. La deuxième augmentation importante a lieu environ 5 000 ans avant J.-C., avec la révolution du Néolithique. Enfin, la révolution industrielle fait passer l'humanité de 1,8 milliard d'individus en 1900 à 6 milliards en 2000. Alors qu'il avait fallu plusieurs millions d'années pour franchir le seuil du milliard d'individus, il faut 123 ans pour atteindre le deuxième milliard et 11 ans seulement pour atteindre le sixième milliard.

Condorcet et Malthus

Condorcet, mathématicien et philosophe du XVIIIe siècle, a été le premier à s'inquiéter de l'augmentation de la population de la Terre, qui pourrait empêcher de nourrir tous les humains. Selon lui, la solution passe par l'éducation de tous, en particulier des femmes, afin de réduire volontairement le nombre des enfants. Malthus, économiste britannique, n'a pas cet optimisme : il ne croit pas à la sagesse des hommes et prédit des famines qui forceront les humains à faire moins d'enfants.

Condorcet

Malthus

Une photo tirée du film *Treize à la douzaine* (2003) racontant les amusantes aventures d'une famille de 12 enfants.

Transition démographique

La stabilité de la population est assurée lorsque le nombre moyen d'enfants par femme (ou taux de fécondité) est de 2 à 2,1. Avant la révolution industrielle, la forte natalité était compensée par une forte mortalité. Puis, pendant une période intermédiaire, la mortalité a beaucoup baissé alors que la natalité restait élevée, ce qui a provoqué un fort accroissement de la population. Aujourd'hui, natalité et mortalité sont faibles : le taux de fécondité est passé de 2,8 en 1960 à 1,7 en 2000.

Vers l'équilibre ?

La plupart des pays du tiers-monde sont aujourd'hui à leur tour en période de transition démographique. Leur natalité est encore soutenue, tandis que leur mortalité a baissé : l'accroissement de la population reste donc important. Cependant, entre les années 1960 et 2000, le taux de fécondité des pays en développement est passé de 6,1 à 3,1, et celui des pays les moins avancés de 6,7 à 5,4. Globalement, la moitié de la population de la Terre a vu sa fécondité passer en dessous de 2,1.

Une baisse spectaculaire

Alors qu'on pensait que la baisse de la natalité était due à la hausse du niveau de vie, de nombreux pays pauvres ont obtenu une baisse spectaculaire de leur taux de fécondité grâce aux progrès de l'éducation des femmes et à leur accès aux soins de santé et au monde du travail. C'est ainsi que l'État du Kerala, en Inde, est passé d'un taux de fécondité de 4,5 dans les années 1950 à 1,7 en 2000. Le Brésil est passé dans le même temps de 6,2 à 2,3, le Sri Lanka de 5,8 à 2,1 et la Thaïlande de 6,4 à 2,1.

Ce parc d'éoliennes du Colorado (États-Unis) permet de produire de l'électricité sans utiliser d'énergie fossile.

L'environ aujourd'hui

nement

Le vingtième siècle a connu une augmentation spectaculaire de l'impact des hommes sur leur planète. La prise de conscience de ce danger favorise l'avènement d'un développement plus durable.

Les deux illustrations représentent le glacier d'Argentière (près de Chamonix) en 1860 (en haut) et un siècle plus tard (en bas) : le recul du glacier est nettement perceptible.

Le péril chaud

En 200 ans d'utilisation des combustibles fossiles, les hommes ont modifié la concentration des gaz à effet de serre de l'atmosphère. Le climat de la Terre se réchauffe dangereusement.

Climat du passé

Depuis 400 000 ans, le climat passe par une alternance régulière de période glaciaires longues et de périodes interglaciaires courtes. Deux explications sont avancées : une modification régulière de l'orbite de la Terre et la variation des concentrations des deux principaux gaz à effet de serre (dioxyde de carbone et méthane). Pendant les périodes glaciaires, la concentration des GES est faible, et elle augmente pendant les périodes interglaciaires. Nous vivons actuellement dans une période interglaciaire, l'holocène, qui a commencé il y a environ 12 000 ans, et nous devrions donc bientôt entrer dans une phase de refroidissement.

Réchauffement accéléré

La température de la Terre devrait baisser lentement en perdant 1 °C par millier d'années environ. Or les climatologues n'observent pas cette tendance : ils mesurent au contraire une augmentation de la température moyenne de près de 1 °C en un demi-siècle : 13,84 °C en 1950, 14,4 °C en 2001. De plus, ce phénomène va en s'accélérant, les 10 années les plus chaudes depuis 1867 étant postérieures à 1980.

Mesures au sommet du Mauna Loa

Depuis 1958, les climatologues effectuent régulièrement des mesures de la concentration de dioxyde de carbone atmosphérique au sommet du Mauna Loa, à Hawaii. La concentration de CO_2 augmente constamment, ce qui explique le réchauffement observé. Les chiffres sont passés de 280 ppm (parties par million) il y a 200 ans à 370 ppm aujourd'hui, augmentation due essentiellement à l'utilisation des combustibles fossiles comme le charbon et l'essence.

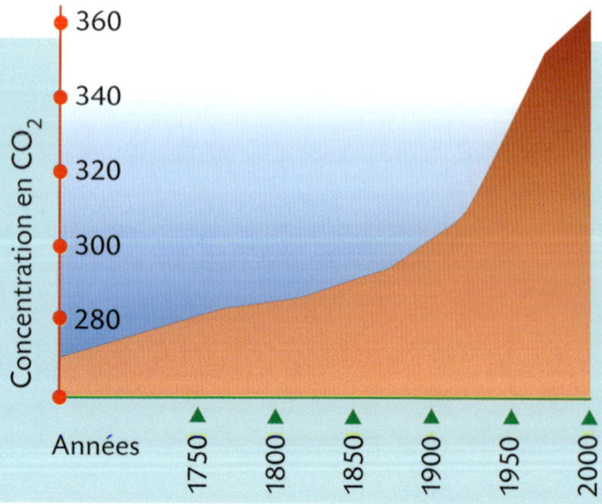

Le glacier des Bossons, dans le massif du Mont-Blanc.

Déséquilibre de la Terre

Les gaz à effet de serre de l'atmosphère agissent comme une couverture isolante. Si leur concentration augmente, la Terre reçoit plus d'énergie qu'elle n'en renvoie : elle est donc en état de déséquilibre thermique. L'énergie reçue en excès réchauffe les océans et fait fondre les glaciers. Cette énergie excédentaire a été estimée à 2 watts/m^2, ce qui correspond à la chaleur émise par deux petites ampoules électriques (comme celles qu'on trouve sur les guirlandes de Noël) allumées en permanence sur chaque mètre carré de la surface de la Terre. Cela semble bien peu, mais c'est suffisant pour perturber le climat.

Des conséquences inquiétantes

La perturbation de l'atmosphère par les activités humaines entraîne une fonte partielle des calottes polaires et des glaciers, une augmentation régulière du niveau des mers (3,1 mm/an), une modification des aires de répartition des espèces animales et végétales (en 20 ans, les espèces d'oiseaux se sont déplacées de 100 km vers le nord, en France). L'impact sur l'agriculture est important, et on estime à 25 millions le nombre de « réfugiés climatiques » en provenance d'Asie ou d'Afrique, contraints de migrer à cause de la montée des eaux ou de l'avancée des déserts.

Atoll du Pacifique (îles Salomon). Ces îles basses sont particulièrement exposées au danger de montée des eaux.

Pollutions

L'ensemble de l'environnement de la planète est soumis aux pollutions liées aux activités des hommes. Ces pollutions peuvent être accidentelles (marées noires, accidents chimiques ou nucléaires) ou régulières.

Lors d'une marée noire, les volontaires sont mobilisés pour nettoyer le bord de mer. Des vêtements de protection sont nécessaires car les produits ramassés sont souvent dangereux.

100 000 produits chimiques

Environ 100 000 produits chimiques différents sont en vente dans le monde, auxquels s'ajoutent chaque année 1 000 substances nouvelles. Face à une telle augmentation, les moyens scientifiques mis en œuvre pour tester les risques possibles sont dérisoires. Quand on sait que les effets nocifs de ces substances peuvent n'apparaître que des dizaines d'années après leur commercialisation, on mesure mieux les dangers qu'elles font courir à notre environnement.

Marées noires

Les naufrages des grands pétroliers comme l'*Amoco Cadix*, l'*Erika* ou le *Prestige* ont provoqué de gigantesques marées noires et l'arrivée sur les côtes d'importantes masses gluantes de mazout qui ont paralysé les activités de pêche et tué des dizaines de milliers d'oiseaux. À ces événements exceptionnels, il faut ajouter les pollutions régulières dues au « dégazage » en mer de pétroliers commandés par des marins peu scrupuleux.

Pesticides

De nombreux produits chimiques se retrouvent dans l'air, l'eau ou la nourriture, comme le DDT (dichloro-diphényl-trichloréthane), insecticide commercialisé en 1938, et les PCB (polychlorobiphényles) qu'on trouve dans les peintures ou les dioxines. Dans les années 1960, les scientifiques constatent avec étonnement une altération de la reproduction chez certains animaux : des goélands cessent de s'accoupler, des alligators au pénis atrophié ne peuvent plus se reproduire, des tortues deviennent transsexuelles.

La pollution de l'air à Mexico est due aux industries implantées à proximité et au trafic automobile.

Un équilibre hormonal perturbé

On sait aujourd'hui que le DDT ou les PCB ont des propriétés œstrogènes (du nom d'une hormone féminine) : ils ont tendance à féminiser les animaux, perturbant gravement leur équilibre hormonal. Ces toxines diminuent également les défenses immunitaires de l'organisme. C'est ainsi qu'on a expliqué la mort de 40 % des phoques de la mer du Nord et de nombreux dauphins. Chez les habitants des pays industrialisés, la hausse constante du nombre de cancers des organes génitaux et du sein, ainsi que la baisse de la fertilité qui ont été observées, sont peut-être aussi liées à la présence de ces produits dans l'environnement.

L'air de Paris (mesuré ici par cinq capteurs en haut de Notre-Dame) est de bien meilleure qualité qu'il y a 30 ans !

L'air des villes

La qualité de l'air des villes occidentales s'est nettement améliorée au cours des dernières décennies : les quantités d'oxydes de soufre ont été réduites. Londres, par exemple, ne connaît plus les épisodes de smog, mélange de brouillard et de fumées, qui provoquèrent la mort prématurée de 4 000 personnes en décembre 1952. En revanche, d'autres mégalopoles, comme Bangkok, Mexico ou Pékin, connaissent encore des problèmes majeurs de qualité de l'air, et les maladies respiratoires y occupent la quatrième place parmi les causes de mortalité.

Histoires d'eaux

Alors que la population mondiale triple entre 1900 et 2000, la consommation d'eau de l'humanité est multipliée par six.

Le maïs est très gourmand en eau.

Agriculture et eau

L'agriculture consomme 70 % de l'eau douce utilisée par les hommes, l'industrie 20 % et seulement 10 % sont consommés pour les besoins domestiques. Il existe cependant de grandes différences entre les agricultures des pays du Nord et du Sud. Au Nord, 61 % des céréales servent à nourrir des animaux et 23 % sont utilisées pour l'alimentation des hommes. Au Sud, c'est l'inverse : 72 % des céréales servent directement à nourrir les hommes. Or, il faut en moyenne 1 160 litres d'eau pour obtenir un 1 kg de blé mais 13 500 litres d'eau pour obtenir 1 kg de bœuf nourri aux céréales. Manger beaucoup de viande entraîne donc une consommation d'eau très élevée.

Les nappes phréatiques

Dans de nombreux pays, les nappes phréatiques baissent car on y prélève trop d'eau. Ainsi, en Chine, le niveau de la nappe qui se trouve sous Pékin a baissé de plus de 60 mètres depuis 1965. Lorsque la pénurie d'eau sera devenue très importante en Chine, ce pays devra importer de grandes quantités de céréales, car il n'y aura plus l'eau nécessaire pour les faire pousser. Les prix vont donc inéluctablement augmenter, avec le risque de pénuries alimentaires pour les plus pauvres.

L'eau de l'industrie

L'industrie utilise l'eau essentiellement pour ses activités de transformation (métallurgie, pharmacie, papier). Il faut 300 à 600 litres d'eau pour fabriquer 1 kg d'acier et 500 litres pour 1 kg de papier. De la même façon, pour construire une voiture, on utilise 400 000 litres d'eau. Le fait de changer de voiture tous les ans a donc un impact direct sur la consommation d'eau.

Vue d'une papeterie, en Suède.

Eau et Coca

Les usines de Coca-Cola qui étaient implantées en Inde depuis 1993 ont prélevé plus d'1 million de litres d'eau par jour (il faut 9 litres d'eau potable pour fabriquer 1 litre de Coca). Le niveau des nappes phréatique a énormément baissé, asséchant les puits et privant les habitants d'eau potable. Après avoir pillé et pollué les ressources en eau (par le rejet d'eau souillée dans des puits secs), les usines ont été fermées en 2004.

Installe un goutte-à-goutte

Ce goutte-à-goutte te permettra d'arroser tes tomates sans gaspillage.

- **Paille ou herbes sèches**
- **1 bouteille d'eau**

1. Pour cultiver des tomates en dépensant le minimum d'eau possible, il suffit de disposer un tapis de paille ou d'herbes sèches au pied des tomates : cela limite l'évaporation.

2. À chaque pied de tomate, enfonce une bouteille pleine d'eau la tête en bas, après en avoir légèrement dévissé le bouchon.

Les rivages du lac Pangong Ladakh, dans l'Himalaya.

Problèmes d'eau

L'accès à l'eau potable et à l'assainissement font partie du droit international. Pourtant, avec 2,2 millions de personnes qui meurent chaque année de maladies liées à la mauvaise qualité de l'eau, ce droit demeure encore théorique.

Pollution des eaux

La pollution de l'eau est le plus souvent due aux nitrates utilisés pour fertiliser les sols, et aux phosphates d'origine agricole ou domestique (déjections, lessives). Les métaux lourds, comme l'aluminium, le plomb ou le mercure, sont souvent issus de rejets de l'industrie, tandis que les centrales nucléaires provoquent une pollution thermique. L'eau prélevée pour les refroidir est restituée aux rivières à une température plus élevée. Cela entraîne une désorganisation des écosystèmes aquatiques et la prolifération de bactéries.

Privatisation de l'eau

À l'échelle de la planète, l'eau avait toujours été gérée par les organismes publics. Néanmoins, dans les années 1990, les banques de développement et le FMI incitent fortement les pays – et notamment les pays du Sud – à faire appel à des entreprises privées, les prêts ne leur étant accordés qu'à cette condition. Le but de ces entreprises privées étant de gagner de l'argent, elles ont généralement peu amélioré le réseau de distribution d'eau potable mais ont toujours énormément augmenté le prix de l'eau.

L'eau de l'Himalaya

Les glaces de l'Himalaya alimentent les principaux fleuves d'Asie : fleuve Jaune, Gange, Indus, qui prennent tous leur source sur le plateau tibétain. À eux seuls, ces fleuves permettent l'approvisionnement en eau douce de 2 milliards de personnes.

Scandales de l'eau

En Afrique du Sud, l'entreprise Suez a mis en place un système de compteurs prépayés : les habitants les plus démunis ont donc eu recours à l'eau polluée des rivières, ce qui a entraîné une épidémie de choléra. En Côte d'Ivoire, la privatisation de l'eau a poussé les plus pauvres à creuser des puits, dont l'eau contaminée par les fosses septiques a diffusé le choléra. Quant aux États-Unis, après la plainte des usagers concernant la qualité du service, United Water a été congédiée et la gestion de l'eau de nouveau confiée au secteur public.

Épuration

Dans les pays industrialisés, les stations d'épuration permettent de dépolluer l'eau avant de la rejeter dans la nature, ce qui n'est pas toujours le cas dans les pays en voie de développement, faute de moyens.

Une agriculture dévastatrice

La demande mondiale en matières grasses à très bon marché et en agro-carburants a des effets catastrophiques sur les conditions de vie et l'environnement des habitants du Sud.

Huile de palme durable

Pour éviter ces catastrophes, l'ONG WWF (Fonds mondial pour la nature) milite pour l'utilisation d'une huile de palme durable, issue de plantations certifiées réalisées dans des zones non boisées et non utilisées. Les premières plantations ont été certifiées en 2008, et 4 % de la production mondiale est désormais certifiée durable

Fruit du palmier à huile.

Au Burundi, ces hommes sont en train de presser l'huile de palme.

La reine des huiles

L'huile de palme est la plus consommée au monde et provient en majorité d'Asie du Sud-Est, où l'on cultive 6 millions d'hectares de palmiers à huile. Cet ingrédient essentiel de la cuisine africaine est massivement utilisé dans la moitié des aliments industriels (margarines, chips, biscuits, chocolat, viennoiseries, glaces, etc) mais aussi dans les cosmétiques (savons, rouges à lèvres).

Catastrophe environnementale

La culture des palmiers à huile est catastrophique pour l'environnement de la Malaisie et de l'Indonésie.
Elle entraîne une déforestation massive, la destruction des sols et la disparition rapide de notre proche parent l'orang-outan. Enfin, elle ruine la vie des peuples qui vivaient en symbiose avec ces forêts primaires, tel le peuple Penan de Sarawak, au cœur de Bornéo.

Les agro-carburants

Longtemps considérée comme la solution à la raréfaction du pétrole et au changement climatique, la production d'agro-carburants est réalisée à partir de cultures de colza, tournesol, betterave, maïs, etc. Mais les rendements ne sont pas bons, puisqu'on a calculé que si la France voulait assurer ses transports avec des agro-carburants, il lui faudrait mobiliser 3 à 4 fois la surface de ses terres agricoles.

Émeutes de la faim

La culture des agro-carburants, menée à grande échelle en Asie, en Amérique latine et en Afrique, prend la forme de vastes domaines de canne, de palme ou de soja. Ces cultures provoquent la déforestation, érodent la biodiversité et appauvrissent l'alimentation des populations. Pour produire ces agro-carburants, des surfaces agricoles cessent ainsi de porter des cultures vivrières, ce qui a contribué aux émeutes de la faim de 2007-2008.

Champ de colza en fleur.

En Indonésie, on brûle des forêts pour planter des palmiers à huile.

Cette usine d'huile de palme est située dans une plantation de palmiers en Malaisie.

Modifications génétiques

Les êtres vivants transmettent leurs gènes de génération en génération. Un OGM est un organisme dont les gènes ont été modifiés pour changer ses propriétés.

Sélection naturelle ou artificielle

Dans les noyaux des cellules se trouvent des gènes qui déterminent les caractéristiques principales des organismes vivants et permettent leur transmission. Au cours des millions d'années de l'histoire de la Terre, la sélection naturelle a choisi, chez tous les êtres vivants, les gènes les plus adaptés au milieu. Mais depuis l'invention de l'agriculture et de l'élevage, les hommes ont eux aussi pratiqué la sélection (artificielle, cette fois). Ils ont choisi de favoriser certaines caractéristiques qui leur étaient utiles. C'est ainsi que l'épi de maïs cultivé est devenu bien différent du sauvage, et que le sanglier s'est transformé en porc domestique.

Le gène « Terminator »

Les multinationales qui fabriquent les plantes transgéniques ont étudié la possibilité d'inclure un gène nommé « Terminator » qui avait pour objectif d'empêcher les graines récoltées par les paysans de germer, ce qui obligeait ces derniers à acheter chaque année de nouvelles semences auprès des grandes compagnies semencières. Le projet a été provisoirement abandonné.

Paysan mexicain dans son champ de maïs. Lieu d'origine du maïs, l'ensemble du Mexique est actuellement contaminé par du maïs transgénique importé des États-Unis.

La modification des gènes

Les scientifiques savent aujourd'hui modifier un ou plusieurs gènes d'un organisme. Ils créent de nouvelles espèces. Grâce au « génie génétique », ils choisissent un gène d'une cellule parente possédant une propriété particulière (par exemple la résistance à un parasite ou à la sécheresse) et le transfèrent à la cellule d'un autre organisme qui ne possède pas cette propriété. On a ainsi pu greffer à une bactérie un gène humain permettant de fabriquer de l'insuline. Grâce à sa multiplication rapide, la bactérie a ensuite été capable de produire d'importantes quantités d'insuline.

Modifications des plantes

Aujourd'hui, la plupart des plantes transgéniques sont résistantes aux herbicides, ce qui entraîne une utilisation abusive de ces herbicides puisque les plantes cultivées ne les craignent plus. Un maïs résistant à la pyrale (un insecte parasite) paraît plus intéressant. Les futures plantes transgéniques de deuxième génération pourraient avoir plus d'avantages, en étant capables par exemple, de supporter la sécheresse ou l'arrosage à l'eau salée.

Manifestants détruisant un champ de maïs transgénique à Lévignac (France).

Liaisons dangereuses

En 2001, un article de deux scientifiques (Chapela et Quist), paru dans la revue *Nature*, démontrait une contamination généralisée du maïs mexicain par du maïs transgénique. Les auteurs furent aussitôt violemment critiqués, et Chapela menacé d'exclusion par l'université de Berkeley, liée par contrat à une firme biotechnologique. Cette campagne montre clairement la pression énorme des intérêts financiers sur les chercheurs.

Inquiétudes et rejet

Le principal danger des cultures transgéniques réside dans leur capacité à modifier des populations de mauvaises herbes nuisibles, par exemple en transférant leurs gènes à des espèces apparentées : le gène de résistance à un herbicide passant à une herbe folle permettrait à celle-ci de proliférer de façon incontrôlée. Ces risques, encore bien mal évalués, ont provoqué des réactions de rejet parfois violentes, comme les actions de destruction de cultures transgéniques en plein champ. Les contrats liant souvent scientifiques et multinationales créatrices d'OGM ne contribuent pas à clarifier le débat.

Cette image montre la différence entre le maïs primitif (à droite) et le maïs transformé par l'action des hommes (à gauche).

Thérapies

Des bactéries génétiquement modifiées contenant le gène de croissance humaine ont permis, au début des années 1980, de produire de l'hormone de croissance et de traiter de nombreux cas de nanisme. Des thérapies géniques menées en plaçant un gène sain dans le noyau d'une cellule malade sont aujourd'hui tentées, mais il faudra améliorer ces traitements afin qu'ils deviennent pleinement efficaces et sans effets secondaires.

Disparition des espèces

Avant l'apparition de l'homme, les espèces ont subi de nombreuses extinctions, mais l'impact actuel des humains fait peser une menace sur la survie de bien d'autres espèces.

Une histoire mouvementée

Depuis que la vie est apparue sur Terre, les espèces se sont multipliées pour atteindre aujourd'hui un nombre que les scientifiques évaluent difficilement (entre 2 et 80 millions). Plus de 95 % des espèces ayant existé ont actuellement disparu. On estime qu'une espèce vit en moyenne entre 1 et 10 millions d'années, ce qui correspond à la disparition d'une espèce tous les 10-20 ans. Or, depuis l'apparition d'*Homo sapiens*, le taux de disparition des espèces a remarquablement augmenté. Ainsi, l'Indice planète vivante (IPV), indicateur destiné à mesurer la biodiversité de 1686 espèces de vertébrés, a diminué de 30 % entre 1970 et 2007. L'impact des hommes a donc beaucoup augmenté le taux d'extinction des espèces.

Disparition des abeilles

Sur tous les continents, les abeilles sont victimes d'un mal qui les décime. Des pesticides ont fait disparaître la plupart des fleurs sauvages dont elles se nourrissaient. De plus, les insecticides les agressent lorsqu'elles butinent les fleurs des plantes cultivées. Affaiblies, les abeilles sont victimes de virus, de guêpes, d'acariens et d'autres champignons microscopiques.

De nombreuses espèces ont disparu de la surface de la Terre : des libellules géantes aux tigres à dents de sabre, en passant par les dinosaures et les ptérosaures, sans oublier les mammouths et les rhinocéros laineux.

Modifications écologiques

Le taux actuel d'extinction résulte principalement de l'action des hommes sur les écosystèmes. Destruction des habitats par le développement des routes, des zones industrielles ou des villes, déforestation en zone tropicale, assèchement des zones humides font disparaître des milieux favorables à la biodiversité. La chasse, la pêche et le commerce jouent aussi un rôle, en prélevant des animaux appartenant à des espèces peu nombreuses et donc fragiles.

Liste rouge

L'UICN (Union internationale pour la conservation de la nature) a établi sur des bases scientifiques une classification des espèces suivant le degré de menace qui pèse sur elles. Selon l'UICN, les trois quarts des mammifères et des oiseaux en danger de disparition vivent dans des forêts tropicales. Parmi les espèces en voie de disparition les plus connues, on peut citer la baleine et le rhinocéros, mais de nombreuses espèces d'insectes ou autres arthropodes sont aussi menacées.

Chasseurs d'autrefois

Les chasseurs paléolithiques ont exterminé trente-trois grandes familles de mammifères et d'oiseaux : les mammouths et les rhinocéros laineux, confinés dans des habitats rétrécis, n'ont pas survécu à la chasse intensive alors pratiquée pour des motivations essentiellement alimentaires. Au cours des quatre derniers siècles, la vitesse d'extinction est montée à la moyenne d'une espèce tous les trois ans. Le dodo de l'île Maurice a disparu en raison d'un excès de chasse.

Vue aérienne de forêts et de routes près de Nimmo Bay, en Colombie-Britannique. La photo met en lumière la déforestation et l'abondance des routes qui contribuent à la disparition des espèces.

Bombardiers nucléaires B52 sur la base américaine de Tucson en Arizona (États-Unis).

Menaces sur la paix

La planète Terre regorge d'arsenaux nucléaires, chimiques ou bactériologiques. Les hommes ne pourront espérer vivre en paix que si de sévères limitations sont imposées aux pays qui fabriquent, vendent ou envisagent d'utiliser ces armes de destruction massive.

Un arsenal nucléaire

Pendant la « guerre froide » (période d'extrême rivalité mais sans que la guerre soit déclarée) entre les États-Unis et l'URSS, des arsenaux colossaux d'armes nucléaires ont été constitués par les deux superpuissances. La fin de cette époque a eu comme heureux résultat de faire diminuer le nombre de bombes nucléaires. Après s'être élevé à plus de 100 000, leur nombre total a beaucoup diminué : le dernier traité de réduction des arsenaux nucléaires signé entre la Russie et les États-Unis en 2002 prévoit pour chacun des partenaires un nombre de bombes compris entre 1 700 et 2 200 en 2012.

Des armes chimiques

Les gaz de combat ont été utilisés pour la première fois pendant la guerre de 1914-1918. Améliorés avant la Seconde Guerre mondiale, ils sont restés inutilisés au cours de celle-ci. L'Irak a utilisé le tabun lors de la guerre contre l'Iran, et contre les populations kurdes. Une convention internationale d'interdiction de ces armes et de destruction des stocks est entrée en vigueur en 1997. Elle prévoit de lourdes sanctions contre les pays utilisateurs. Elle n'a pourtant pas été signée par l'Angola, la Corée du Nord, l'Égypte, la Somalie et la Syrie. Israël n'a pas encore ratifié officiellement cet accord.

Exercice de décontamination pour un commando de soldats français du groupe de défense nucléaire, biologique et chimique (NBC).

Arsenaux bactériologiques

Les armes bactériologiques sont particulièrement redoutables : faciles à obtenir et à manipuler, elles représentent un danger majeur, d'autant que les techniques actuelles permettent de fabriquer des micro-organismes (virus ou bactéries) insensibles aux antibiotiques et aux vaccins. Les agents utilisables au cours d'une attaque bactériologique sont le bacille du charbon, la toxine botulique, l'agent de la peste *(Yersinia pestis)* et le virus Ebola. En 1975, une convention internationale interdisant les armes biologiques est entrée en vigueur, mais le contrôle des sites de fabrication possibles n'est toujours pas réalisé.

Une planète minée

Actuellement, 110 millions de mines explosives dites « antipersonnel » sont déployées dans plus de 70 pays. Bien camouflées, elles restent actives pendant plus de 75 ans, continuant à tuer et à mutiler bien après la fin des conflits. Elles constituent aussi un désastre écologique, car elles réduisent les terres cultivables disponibles et polluent les campagnes sur d'immenses surfaces. L'Afrique, théâtre de nombreux conflits armés, est le continent le plus miné au monde. Le traité d'Ottawa de 1997 interdisant la production et la vente de mines antipersonnel, a été signé par 121 pays, mais beaucoup ne l'ont pas ratifié, comme le Cambodge, le Viêtnam, le Mozambique, etc.

Manifestation de l'association Handicap international contre les mines antipersonnel, sur le parvis du Trocadéro, à Paris. La pyramide de chaussures symbolise les mutilations des nombreuses victimes des mines.

Ernst Haeckel, l'inventeur du mot « écologie ».

L'écologie, entre science et politique

Née dans le domaine scientifique, l'écologie est devenue au fil du temps un projet politique novateur d'évolution de nos sociétés.

Les débuts d'une science

Bien que les travaux d'Alexander Von Humboldt et d'Aimé Bonpland soient déjà des travaux d'écologie, puisqu'ils visent à comprendre les mécanismes qui font l'unité et l'ordre de la nature, le terme « écologie » apparaît pour la première fois dans les travaux du zoologiste allemand Ernst Haeckel, en 1866. Ce disciple de Darwin nomme écologie la science des rapports entre les êtres vivants (animaux, végétaux et micro-organismes) et les milieux dans lesquels ils vivent. Désormais, l'écologie sera une branche de la biologie.

Nettoyage par les mouches

Cette expérience va te montrer que la nature s'est préoccupée de recyclage bien avant les hommes.

- **1 pot en verre, de la terre**
- **1 peu de viande crue**
- **1 morceau de moustiquaire**

1. Place une couche de terre humide dans le fond du pot, puis déposes-y un morceau de viande.

2. Place le pot à l'extérieur, à l'ombre et en hauteur. Attirées par l'odeur, les premières mouches viennent sur la viande pour la consommer. Au bout de 24 heures, les premières larves blanches apparaissent à la surface.

3. Chasse les mouches, puis ferme le pot avec la moustiquaire : les larves consomment la viande et grossissent.

4. En quelques jours, ces larves deviennent de nouvelles mouches, et la viande avariée a totalement disparu.

Travailler moins et vivre mieux

Le précurseur Ernst Friedrich Schumacher, auteur du livre *Small is beautiful* (« Ce qui est petit est beau ») paru en 1973, va influencer profondément la pensée écologiste. À l'image de Gandhi, il recommande une économie non violente qui coopérerait avec la nature au lieu de l'exploiter. Dénonçant le PNB (produit national brut), qui mesure seulement la richesse matérielle, il propose un « facteur d'épanouissement humain », idée qui sera reprise par l'ONU avec l'IDH (indice de développement humain). Il est l'auteur du slogan : « Travailler moins et vivre mieux ».

Gandhi (1869-1948), le guide spirituel de l'Inde. Sa pensée fondée sur la non-violence a conduit à l'indépendance de l'Inde.

Des apports divers

L'écologie politique s'est nourrie des apports du féminisme, du tiers-mondisme et de l'esprit de mai 1968. Les féministes critiquent la domination des hommes et leur culte de la compétition, au profit des valeurs d'entraide et de coopération. Les tiers-mondistes, à l'exemple de René Dumont, dénoncent le sous-développement du Sud, et plaident pour de nouveaux rapports entre pays riches et pauvres. Enfin, les militants de mai 68 critiquaient la société de consommation et prônaient un retour à la nature.

Le grand tournant des années 1970

À la suite des catastrophes écologiques de la seconde moitié du XXe siècle, l'écologie émerge dans le grand public au cours des années 1970, en même temps que les préoccupations liées à la pollution, et le souci de protection de la nature. Cette idée nouvelle du XXe siècle, préconise un projet alternatif d'organisation de la société aussi bien intellectuel que philosophique ou politique. Ce nouveau mode de pensée s'appuie sur les notions de l'écologie scientifique et prône une vision globale qui perçoit chaque phénomène dans sa relation avec son environnement.

La Terre comme une île

Si on utilise sans retenue une ressource vivante renouvelable, on la fait disparaître inéluctablement. Démonstration.

L'île, les arbres et le naufragé

Imagine une île isolée et déserte d'un hectare, seule au milieu de l'océan. Près de la moitié de sa surface est occupée par un petit bois, le reste par une prairie où s'ébattent des lapins. Un naufragé imprévoyant et frileux aborde le rivage de l'île et prend l'habitude de faire chaque soir un énorme feu pour se réchauffer. Ce qui va faire disparaître rapidement tous les arbres de la forêt...

naufragé imprévoyant

temps 0

quelques années plus tard

naufragé prudent

temps 0

quelques années plus tard

Les vertus de la modération

Si le naufragé est prudent et qu'il réfléchit, il ne prendra chaque jour sur la forêt qu'une petite quantité de bois : le bois mort et celui qui correspond à la pousse journalière des arbres. Il pourra ainsi se chauffer indéfiniment tout en conservant cette précieuse ressource.

Une loi générale...

Cette loi s'applique à tous les prélèvements sur les ressources renouvelables nécessaires à la vie, comme la nourriture. Si le naufragé se nourrit en chassant des lapins, il ne doit pas chasser trop de gibier et lui laisser le temps de se reproduire, sinon il disparaîtra. Finalement, la surface de l'île nécessaire à la survie à long terme du naufragé dépend de son comportement. L'île doit être d'autant plus grande que le naufragé est plus dépensier.

La Terre est semblable à une île dans l'espace intersidéral :

- Comme l'île, elle reçoit l'énergie du Soleil.
- Comme l'île, elle est peuplée de créatures vivantes qui se partagent les ressources naturelles.
- Comme dans l'île, les Terriens ne peuvent pas piller sans risques la planète, car un prélèvement trop important provoquerait la disparition de la plupart des créatures vivantes et donc, finalement celle des Terriens.

Imagine-toi sur cette île déserte, et couverte de palmiers, en Polynésie.

L'empreinte écologique

Comme pour le naufragé sur son île, les scientifiques calculent aujourd'hui la surface nécessaire à la vie de chaque habitant de la Terre. On nomme cette surface « empreinte écologique ». Le naufragé prudent possède un hectare d'empreinte écologique, l'imprévoyant beaucoup plus, car il gaspille.

L'empreinte écologique

L'empreinte écologique est l'espace nécessaire à la production des ressources indispensables à notre vie (nourriture, énergie) et à l'élimination des déchets. Elle permet d'évaluer la durabilité de notre mode de vie.

Des « hectares globaux »

L'empreinte écologique peut être calculée par habitant, par pays ou pour l'ensemble de l'humanité. Elle s'exprime en « hectares globaux » (hag), c'est-à-dire en surfaces d'un hectare (10 000 m^2) d'une productivité biologique moyenne. Or la Terre ne produit que sur moins du quart de sa surface (11,9 milliards d'hectares), les trois quarts restants (déserts, calottes glaciaires ou océans) étant très faiblement productifs.

Le dépassement écologique

En 1975, l'empreinte écologique de l'ensemble de l'humanité atteignait exactement la biocapacité de la Terre, soit 11,9 milliards d'hag. À partir de cette date, l'homme a commencé à consommer les ressources renouvelables plus rapidement que les écosystèmes ne pouvaient les régénérer et à produire plus de CO_2 que les écosystèmes ne pouvaient en absorber. Selon les données les plus récentes, l'empreinte écologique de l'humanité excède aujourd'hui les biocapacités de la Terre de 50 %.

La raffinerie de pétrole produit des combustibles (essence, gazoil) responsables de l'augmentation de l'empreinte écologique de ces cinquante dernières années.

Des naufragés inconséquents

Nous nous conduisons donc en naufragés imprévoyants, puisque nous entamons les réserves naturelles de la Terre. La responsabilité de cette situation est largement imputable aux pays riches, qui avec le quart de la population mondiale utilisent 75 % des ressources. Les Émirats arabes unis (10,13 hag/hab.) ou les États-Unis (9,70 hag/hab.) sont les plus dépensiers. La France est à 5,26, le Bangladesh à 0,53, le Burundi à 0,48, le Mozambique à 0,47. Si toute la population de la Terre vivait comme les habitants des États-Unis, il faudrait 4,74 planètes Terre pour absorber l'impact écologique supplémentaire.

Un modèle insoutenable

Il est donc évident que si l'évolution actuelle se poursuit avec les inégalités criantes entre riches et pauvres, l'humanité utilisera les ressources de deux planètes par an en 2030. Et cela pourrait être beaucoup plus, si les pays pauvres rattrapaient les pays riches. La situation actuelle n'est donc pas durable à long terme, ce qui va nous imposer de choisir d'autres modes de développement, et en particulier en ce qui concerne l'énergie et l'alimentation.

Diminuer son empreinte

Manger moins de viande, privilégier les produits locaux et de saison, baisser son chauffage à 17 ou 18 °C en gardant un pull, prendre une douche plutôt qu'un bain, boire l'eau du robinet plutôt que de l'eau en bouteille, éviter les produits jetables, privilégier la marche ou le vélo pour les petits trajets, les transports en commun pour aller à l'école, le train ou le bateau pour les vacances, font partie de ces gestes simples qui permettent de diminuer sensiblement son empreinte écologique.

Le développement durable

Gro Harlem Brundtland, femme politique norvégienne, a présidé la rédaction du rapport « Notre avenir à tous ».

La généralisation du mode de vie des pays développés à l'ensemble des habitants de la planète nécessiterait l'utilisation de plusieurs Terres. Il nous faut donc « changer de développement ».

Un mode de vie menacé

Basé sur une utilisation intensive des ressources fossiles et un impact très important sur l'environnement, notre mode de vie et notre prospérité ne peuvent être généralisés à l'ensemble des habitants du vaisseau Terre, ni même maintenus tels quels sur le long terme par les générations futures. C'est pourquoi le rapport Brundtland de 1987 a proposé de passer au « développement durable ».

Le jardin planétaire

Un des slogans du développement durable, c'est « agir local, penser global ». Le jardinier-écologiste Gilles Clément applique ce principe dans ses créations de jardins, dont la vie intérieure ne peut être déconnectée de l'extérieur. Dans l'exposition « Le Jardin planétaire », (La Villette 1999), il a montré l'apparition de la diversité, son brassage planétaire et comment exploiter cette biodiversité sans la détruire. Une manière de nous inciter à vivre intelligemment sur notre planète limitée, en nous comportant en jardiniers responsables.

Jardin créé par Gille Clément.

Regard vers le futur

« Le développement durable est un développement qui répond aux besoins du présent sans compromettre la capacité des générations futures à répondre aux leurs » dit ce fameux rapport de l'ONU. Une manière tout à fait nouvelle de considérer le développement, c'est-à-dire l'amélioration du bien-être des humains : désormais, on se préoccupe des humains qui nous suivront, de manière à leur laisser une Terre vivable et un environnement préservé leur permettant une vie harmonieuse.

Solidarité, sobriété et diversité

Pour y parvenir, il faut concilier une économie efficace, un environnement préservé et une justice rétablie entre tous. Nos sociétés contemporaines, si elles veulent perdurer, doivent donc :

- faire progresser la solidarité, au travers du partage des richesses et du développement de l'économie solidaire ;
- encourager chacun de nous à la sobriété pour se recentrer sur la satisfaction des besoins essentiels et ne pas s'encombrer de tout le superflu auquel nous pousse la société de consommation ;
- prôner le respect des autres dans leur diversité, respect aussi important que celui de la biodiversité de la nature.

L'éco-quartier BedZed à Londres

Construit en 2000, cet éco-quartier d'une centaine de logements est un site pionnier situé au sud de Londres. Son nom est un assemblage de Bed (comme Beddington, banlieue sud de Londres) et Zed (comme *Zéro Energy fossil Development*). Chaque appartement orienté plein sud dispose d'une terrasse et d'un jardin. Les toits sont végétalisés et des cheminées de couleur tournent au gré du vent pour ventiler les appartements. L'ensemble a été pensé pour réduire de moitié l'empreinte écologique des habitants, et démontrer ainsi qu'il est possible de vivre de façon durable sans sacrifier le confort moderne.

Couchée sur sa mappemonde, cette petite fille est le vivant symbole d'une génération décidée à protéger la Terre.

Un monde plus écologique

Un peu partout dans le monde, naissent de nouvelles expériences qui tentent d'économiser les ressources, de restaurer la biodiversité et de minimiser l'impact de notre espèce sur la planète.

Des industries écologiques

Inspirée par l'exemple réussi du parc éco-industriel de Kalundborg, au Danemark, l'industrie envisage d'imiter le comportement cyclique de la nature pour minimiser son propre impact sur l'environnement.

Le parc de Kalundborg

Ce parc éco-industriel a été mis en place dans les années 1980. Les entreprises intallées sur le site échangent produits et énergie. La raffinerie de pétrole fournit de l'eau usée pour refroidir la centrale électrique. Celle-ci vend de la vapeur à la municipalité, à la société de biotechnologies et à l'usine de panneaux. Elle fournit aussi de l'eau chaude à une ferme d'aquaculture qui élève des turbots. Depuis les années 1990, la centrale désulfure ses gaz de combustion et fournit le soufre à l'usine de panneaux, dont c'est la matière première.

Un amortissement en cinq ans

Les échanges ainsi mis en œuvre ont permis de réduire la consommation de pétrole de 20 000 tonnes par an, celle de charbon de 30 000 tonnes et la consommation d'eau de 2,9 millions de mètres cubes. Résultat : une diminution de la production de déchets et de gaz à effet de serre. Sur 30 ans, les investissements réalisés à Kalundborg ont été estimés à 84 millions d'euros. Les économies annuelles étant de l'ordre de 17 millions d'euros, le coût des installations a été rentabilisé en cinq ans.

Des projets ailleurs

De nombreux parcs éco-industriels sont aujourd'hui en projet ou ont été réalisés dans le monde. On peut citer la symbiose de Landskrona (Suède), les parcs éco-industriels de Batou et de Guigang (Chine), le Burnside Industrial Park (Canada), l'Eco-industrial Park de Cape Charles et celui de Devens (États-Unis), l'écosite du canton de Genève (Suisse), le Kwinana Synergy Project (Australie), etc.

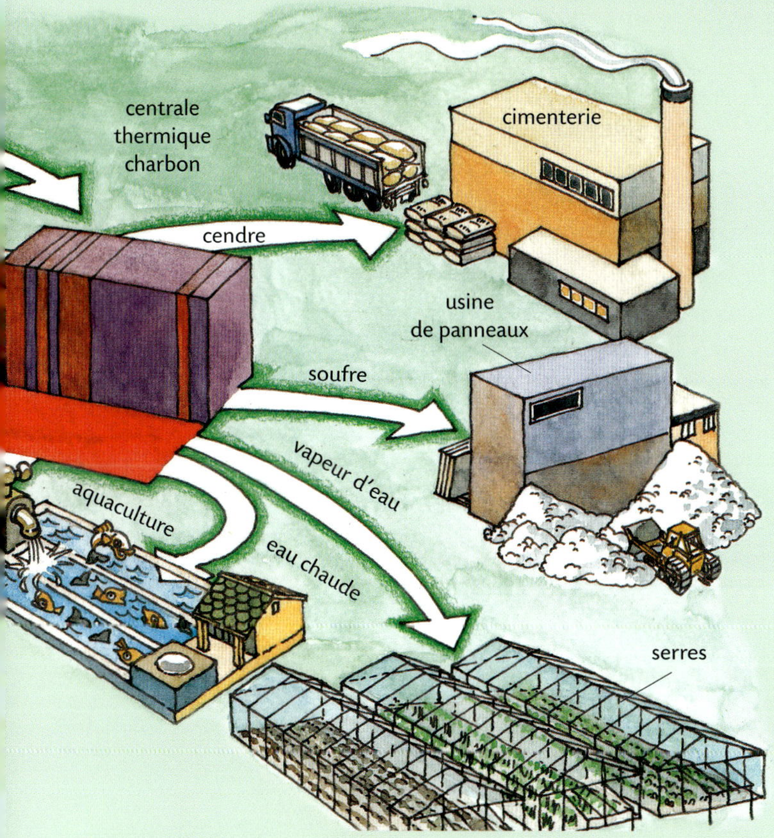

Le parc éco-industriel de Kalundborg (Danemark).

Imiter la nature

À partir de l'exemple réussi de Kalundborg, deux chercheurs de la firme General Motors ont mis au point l'idée d'une « écologie industrielle ». Les entreprises sont invitées à changer leur système de production : celui-ci fonctionne aujourd'hui de façon linéaire (à partir des ressources, on produit des objets et on génère des déchets). Il doit évoluer en s'inspirant du fonctionnement cyclique de la nature, dans lequel les résidus d'une activité deviennent les matières premières d'une autre. L'écosystème industriel fonctionne alors comme un écosystème biologique.

Du côté des consommateurs

Pour aller au bout de la démarche, il faudra que les consommateurs changent d'attitude en acceptant de louer plutôt que d'acheter les produits dont les déchets ne peuvent pas retourner à la terre (voitures, TV…).
La location permet à l'entreprise de récupérer le produit après utilisation, de le réparer, voire de recycler sa matière première. C'est ainsi que le fabricant de photocopieurs Xerox ne produit presque plus de photocopieurs neufs : ses machines sont assemblées à partir de pièces neuves et de pièces récupérées. Sont ainsi économisées matières premières et énergie.

Réparer le trou d'ozone

La couche d'ozone présente dans la stratosphère filtre les rayons ultraviolets et protège la vie sur Terre. Découvert en 1985, le trou de la couche d'ozone a montré l'incroyable degré d'instabilité de l'atmosphère. Il a entraîné une mobilisation internationale sans précédent.

septembre 1981

septembre 1987

septembre 1993

septembre 1999

Images de l'évolution du trou d'ozone (en bleu foncé) au-dessus de l'Antarctique.

L'ozone et la vie

Lorsque l'atmosphère de la Terre s'est enrichie en oxygène, l'action du Soleil a provoqué l'apparition d'un « bouclier » d'ozone (O_3) qui absorbe les rayons UV (ultraviolet) les plus nocifs pour la vie. Sans ce bouclier, nous ne pourrions pas survivre, car les UV du Soleil provoquent des cancers de la peau, des maladies du système immunitaire et des dommages à la végétation (par réduction de la photosynthèse). Cette couche d'ozone est maximale à 20 km d'altitude, et elle se mesure au-dessus d'un point de la surface terrestre en unités Dobson. Elle est minimale au-dessus des tropiques et plus forte partout ailleurs, avec d'importantes variations saisonnières.

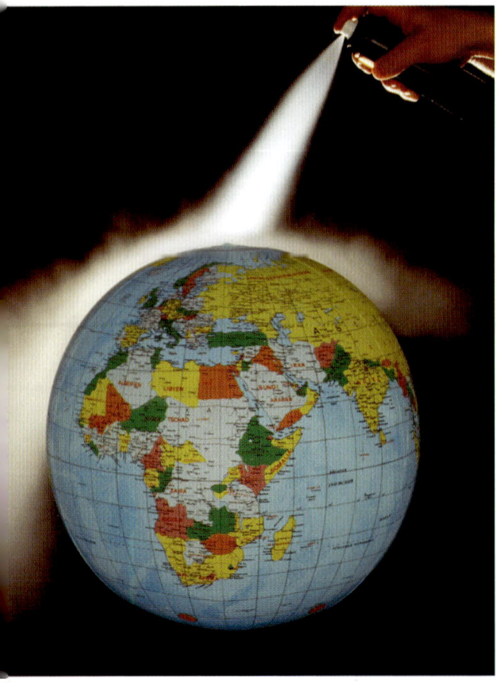

Dans les années 1980, les CFC ont été remplacés, dans les bombes aérosol, par des composés moins agressifs envers la couche d'ozone.

La découverte du trou d'ozone

En 1985, deux scientifiques anglais découvrent une diminution très importante de la quantité d'ozone stratosphérique au-dessus de l'Antarctique. En 1988, un rapport de la Nasa montre que la concentration en ozone a diminué de 1,7 à 3 % dans tout l'hémisphère Nord entre 1969 et 1986. Très vite, les scientifiques se mobilisent pour évaluer les dangers et découvrir le coupable. La conclusion de leurs recherches est sans appel : l'ozone est détruit à cause du rejet dans l'atmosphère de composés chimiques fabriqués par l'homme, et en particulier les CFC (chlorofluorocarbures) qu'on trouve dans les systèmes réfrigérants, les bombes aérosol, les solvants et certains types d'emballages.

Ces ouvriers récupèrent le CFC dans des réfrigérateurs, en Allemagne.

Au-dessus de l'Antarctique

Le mécanisme de destruction de l'ozone par les CFC (chlorofluocarbures) se produit surtout au-dessus de l'Antarctique, au mois d'octobre de chaque année. Les gaz rejetés au niveau du sol par les activités humaines s'élèvent dans l'atmosphère jusqu'à atteindre des couches où le rayonnement UV du Soleil est suffisamment fort pour casser les molécules de CFC. Des atomes de chlore, très réactifs, sont alors libérés et ceux-ci, en présence de nuages polaires et de températures très basses, détruisent l'ozone.

Une réaction internationale

Le premier accord global destiné à supprimer les CFC (sauf ceux dont l'utilisation est indispensable en médecine) est le protocole de Montréal, signé en 1987 par 24 pays et par la Communauté économique européenne. Au total, en 2009, 196 pays avaient signé le protocole, ce qui en fait le premier protocole environnemental ratifié par tous les pays. Les effets de ce traité sur l'évolution de la couche d'ozone sont spectaculaires. Celle-ci diminue de moins en moins vite, puisqu'elle perdait 8 % tous les dix ans entre 1979 et 1997, et qu'elle ne perd plus que 4 % depuis. Selon les scientifiques, la couche d'ozone devrait retrouver son niveau d'avant les années 1980 en 2050... si tous les efforts continuent ainsi.

Fabrication d'un réservoir de récupération de l'eau de fonte des neiges sur la base Halley, en Antarctique.

Haies et paysages

Les haies qui bordent les champs, les prairies ou les jardins ont un rôle majeur dans la protection de l'environnement et des paysages. Souvent supprimées pour faciliter le passage des tracteurs, elles connaissent un retour en force un peu partout dans le monde.

Paysage de bocages en Irlande.

Les haies du Burkina Faso

Pour contrer l'avancée du désert, les paysans du Burkina Faso pratiquent une politique d'embocagement : les champs sont délimités par des talus surmontés d'une haie vive d'épineux. À la base de ces talus, ou diguettes, sont creusées des tranchées qui favorisent l'irrigation naturelle des champs et empêchent l'érosion. Ces haies et ces talus constituent un rempart contre les eaux de ruissellement lors des pluies diluviennes du pays et favorisent la pénétration des eaux dans les nappes phréatiques. Ils assurent aussi une fonction de protection contre le vent et permettent de créer des espaces clos séparant cultures et pâturages.

Histoire des haies

Dès le Moyen Âge, en Europe, les forêts sont déboisées pour laisser la place aux cultures. Mais chaque parcelle conserve une bande de végétation qui la délimite. Au fil du temps, la haie devient un écosystème complexe favorisant la biodiversité, abritant les troupeaux, assurant une protection contre le vent et retenant les eaux de pluie. Avec l'ère de la mécanisation, les haies qui délimitaient des champs trop petits deviennent gênantes et l'on se met à les arracher (200 000 km supprimés en France, 2 millions dans le monde). Les conséquences désastreuses de ces pratiques incitent aujourd'hui à les replanter.

Bienfaits de la haie champêtre

La haie champêtre traditionnelle est formée de plusieurs espèces de feuillus et de persistants. Elle change de couleur tout au long de l'année et porte des fleurs, puis des fruits. Elle constitue un brise-vent de qualité et un régulateur du climat. Été comme hiver, la température près de la haie est plus clémente. Grâce à ses racines, la haie facilite l'infiltration de l'eau de pluie dans les nappes phréatiques et limite ainsi l'érosion du sol. La haie retient les résidus d'engrais et les transforme en engrais naturels, ce qui limite la pollution des eaux par les nitrates. Enfin, elle héberge de nombreux insectivores (oiseaux, lézards, coccinelles, crapauds) qui permettent de lutter contre certains insectes redoutables pour les cultures.

Lorsque le vent bute sur une haie compacte (en haut), il retombe violemment en tourbillonnant de l'autre côté. Et lorsqu'il traverse une haie « libre » (en bas), il est dispersé et affaibli par le rideau végétal.

Le grand retour de la haie

Depuis les années 1980, la prise de conscience des inconvénients dus à l'arrachage des haies (disparition des insectivores, pollution des nappes phréatiques par les engrais, érosion des terres arables...) est devenue générale au niveau mondial. Ainsi, dans certaines régions du monde, on incite les agriculteurs à replanter des haies. En France, les conseils généraux sont nombreux à avoir mis en place une aide financière auprès des agriculteurs et des particuliers, ainsi qu'une assistance pour replanter les haies.

L'agriculture biologique

L'agriculture industrielle est devenue une menace pour les écosystèmes et pour l'homme. Au contraire, l'agriculture biologique garantit la préservation du milieu car elle recourt à des techniques de culture permettant un développement durable.

Cueillette de framboises biologiques.

Un mode de culture réglementé

La loi réglemente les pratiques de l'agriculture biologique. Les producteurs, qui sont soumis à des contrôles annuels, disposent d'une production certifiée. Ils peuvent ensuite apposer le label AB (agriculture biologique) sur leurs emballages.

Respecter la nature

L'agriculture « bio » est fondée sur l'observation et le respect des lois de la vie. Elle ne nourrit pas directement les plantes grâce à des engrais solubles, mais alimente les êtres vivants du sol qui élaborent puis fournissent aux plantes tous les éléments dont elles ont besoin. En évitant d'utiliser les pesticides et les engrais chimiques de synthèse, l'agriculture biologique supprime tous les problèmes de pollution causés par l'agriculture traditionnelle.

Une agriculture extrêmement sophistiquée

L'emploi d'engrais verts, la pratique du compost, la rotation des cultures et les labours légers permettent le maintien dans la durée de la biodiversité et celui des procédés de culture. L'élevage biologique veille au bien-être des animaux et à leur alimentation naturelle. Enfin, l'agriculture biologique reste en permanence à la pointe de l'innovation : traçabilité des produits, utilisation de la lutte biologique contre les insectes, etc.

Les coccinelles, prédateurs naturels des pucerons, sont utilisées dans la lutte biologique contre ces insectes.

Plante ton potager de maïs, haricots et courges

Cette association de cultures a été mise au point par les Incas. Le maïs sert de tuteur au haricot grimpant, qui utilise l'azote de l'air pour enrichir le sol et donc nourrir le maïs. Les larges feuilles de la courge couvrent le sol, et maintiennent l'humidité.

- **Des graines de maïs**
- **Des graines de haricot grimpant**
- **Des graines de courge**

1. Creuse des trous à 40 cm d'intervalle. Sème quatre à six grains de maïs dans chaque trou, puis recouvre de terre. Arrose abondamment.

2. Lorsque le maïs a atteint la hauteur de 10 à 15 cm (au bout de quinze jours environ), sème à proximité de chaque pied quelques graines de haricot grimpant et quelques graines de courge.

3. Arrose et maintiens le sol bien humide jusqu'à ce que les premières feuilles de haricot et de courge apparaissent. Ensuite, arrose une ou deux fois par semaine, et guide le haricot grimpant vers le pied de maïs.

L'agriculture biologique préserve l'environnement et nécessite moins d'apports d'énergie fossile.

Une agriculture performante

Les rendements sont souvent inférieurs de 20 % à ceux de l'agriculture industrielle, mais ils sont obtenus avec des apports d'azote, de phosphore et autres éléments de 30 à 50 % inférieurs. L'agriculture biologique est donc plus efficace, d'autant qu'elle restaure les paysages, préserve à long terme la vie des sols et des êtres vivants, tout en fournissant du travail à plus de personnes.

La maison bioclimatique

Les maisons bioclimatiques sont conçues de manière à utiliser au maximum l'énergie solaire et à limiter les déperditions d'énergie.

Des matériaux locaux

La maison est construite grâce à des matériaux sains, réutilisables et n'ayant pas ou peu d'impact sur l'environnement. Les matériaux trouvés dans la région proche sont donc préférés, car leur acheminement jusqu'à la construction nécessite peu de transport et n'entraîne donc pas de grosses dépenses d'énergie.

La maison est protégée des vents dominants grâce aux haies, aux arbres ou au relief naturel. Elle est orientée de façon à capter un maximum d'énergie solaire.

Éco-quartiers

De nombreux éco-quartiers fleurissent aujourd'hui dans les villes, comme le quartier BedZed à Londres (voir p. 193) ou le quartier Vauban à Fribourg (Allemagne). Ces quartiers transposent dans un cadre urbain les principes des habitats bioclimatiques. Les dépenses d'énergie et d'eau sont réduites. On utilise au maximum les énergies renouvelables. Les concepteurs visent aussi à favoriser la biodiversité et à améliorer les déplacements en privilégiant les transports en commun.

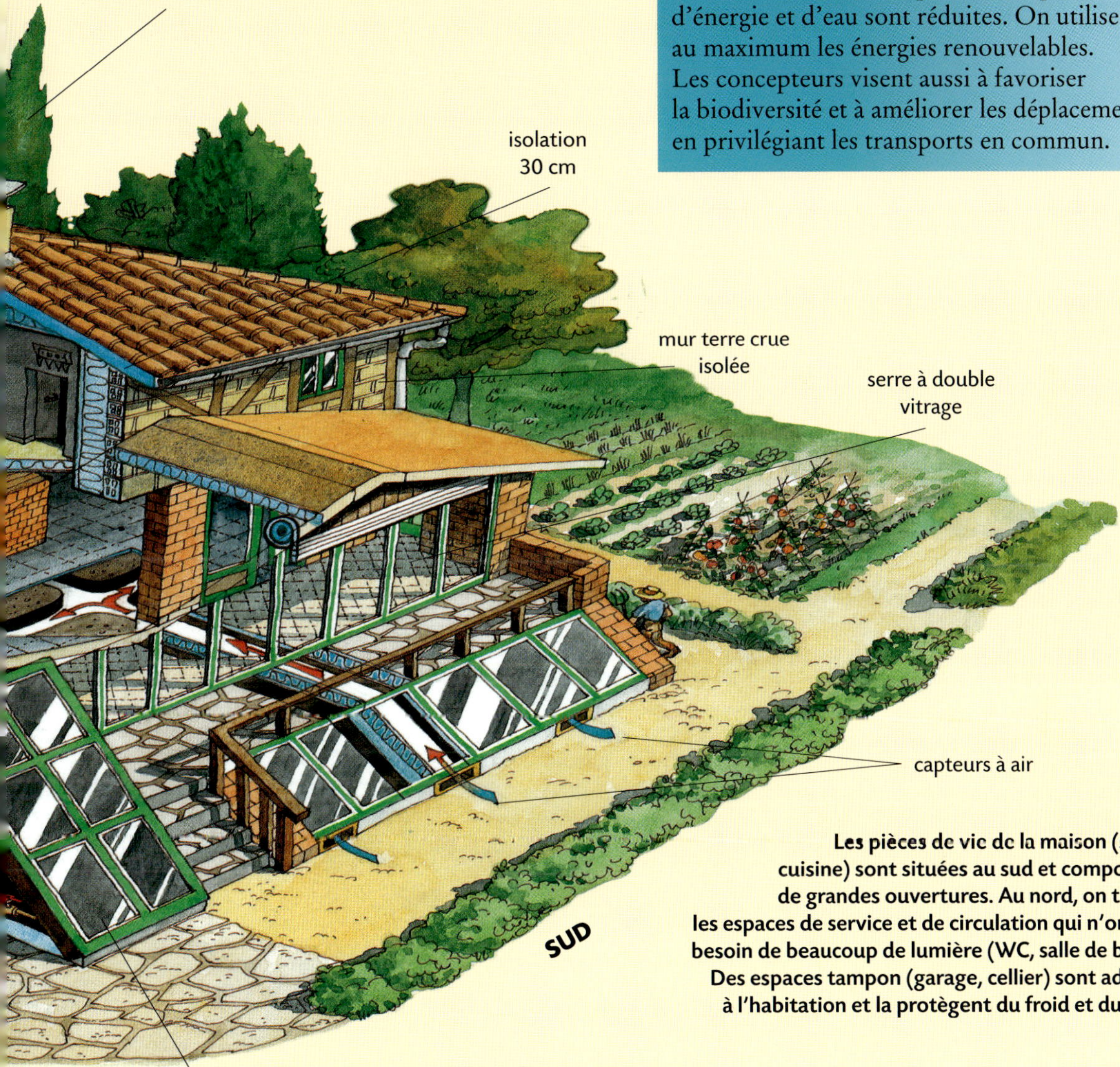

Les pièces de vie de la maison (salon, cuisine) sont situées au sud et comportent de grandes ouvertures. Au nord, on trouve les espaces de service et de circulation qui n'ont pas besoin de beaucoup de lumière (WC, salle de bains). Des espaces tampon (garage, cellier) sont adossés à l'habitation et la protègent du froid et du vent.

Régulations

On utilise ainsi la terre crue ou la brique pour les murs, la laine ou le chanvre pour l'isolation, le chaume ou la tuile en terre cuite pour les toits, etc. Les murs en terre ont la capacité étonnante d'accumuler la chaleur du soleil et de la restituer la nuit, et inversement d'accumuler la fraîcheur de la nuit et de la restituer le jour, tout en régulant l'humidité.

Se nourrir autrement

La Terre abrite plus de 6,5 milliards d'hommes et 20 milliards d'animaux d'élevage, souvent gros consommateurs de céréales. Manger moins de viande améliorerait la santé des humains et la qualité de l'environnement.

Une évolution rapide

Dans les pays industrialisés, une part importante des surfaces agricoles (entre 50 et 80 %) est consacrée à l'alimentation des animaux. Ceci parce que la quantité de viande consommée par habitant et par an a « explosé » après la Seconde Guerre mondiale, lors de la diffusion des engrais et des pesticides de synthèse. Consommation importante de viande et agriculture intensive sont couplées.

Les légumes sont des productions primaires situées au bas de la pyramide alimentaire. En France, ils sont produits par moins de 1 % des terres agricoles.

Prépare une soupe au pistou

Cette soupe d'été associe céréales (le blé dur des pâtes) et légumineuses (haricots), des aliments complémentaires en protéines. Bien que sans viande, elle constitue donc un repas complet.

- **250 g de pommes de terre**
- **250 g de haricots en grains**
- **250 g de haricots plats**
- **250 g de tomates**
- **250 g de coquillettes**
- **2 poireaux en rondelles**
- **2 c. à soupe de basilic haché**
- **1 oignon**
- **4 gousses d'ail**
- **2 c. à soupe d'huile d'olive**
- **Parmesan râpé**
- **2 l. d'eau chaude**
- **Sel**

1. Mets dans l'eau les pommes de terre, les haricots, les tomates, les oignons, les poireaux et le sel. Laisse cuire 45 min à petit feu.

La place de la viande

Beaucoup de cuisines du monde utilisent une faible quantité de viandes et beaucoup de légumes. Avec un simple poulet accompagné de légumes, un cuisinier asiatique réalise douze portions, alors que le classique poulet rôti-frites ne permet d'en faire que six.

Un élevage coûteux

En agriculture intensive, il faut 6 tonnes de concentré alimentaire pour obtenir 1 tonne de viande en carcasse. La production de viande consomme donc beaucoup plus d'énergie fossile que celle des céréales, et produit donc plus de gaz à effet de serre (GES). Le plus coûteux à produire est le kilo de veau (qui représente 13,6 kg équivalent carbone), suivi par le bœuf (3,6), le porc (1,1), le poulet (0,7), les œufs (0,5), le lait (0,3) et la farine de blé (0,2).

2. Pendant ce temps, pile l'ail et ajoute-lui le basilic et l'huile d'olive. Verse ensuite les coquillettes dans la soupe et remue.

3. Au bout de 10 min de cuisson, ajoute la sauce au basilic en remuant régulièrement, puis sers en saupoudrant de parmesan.

Se nourrir différemment

Les diététiciens recommandent des régimes riches en légumes et fruits associés à une consommation modérée de viandes. Situés en haut de la chaîne alimentaire, les animaux élevés à partir de l'agriculture industrielle, concentrent les polluants utilisés pour produire leur nourriture. Il est donc raisonnable de consommer moins souvent de la viande et de la préférer de qualité, issue de l'agriculture biologique.

Le régime crétois

Par rapport aux autres populations des pays développés, les Crétois consomment beaucoup plus de fruits frais, de légumes crus, d'huile d'olive, de poisson, et en même temps moins de viande (et presque exclusivement des volailles). Les études scientifiques montrent clairement l'avantage de ce régime qui permet une forte baisse de la mortalité et du nombre de cas de maladies cardio-vasculaires et de cancers.

Transport et nature

À l'heure des économies d'énergie et de la réduction des émissions de gaz à effet de serre (GES), seuls 10 % des trajets en ville sont effectués grâce aux transports en commun.

Une ville cycliste

La ville de Houten (35 000 habitants, Pays-Bas) a été pensée, lors de son extension, en fonction des cyclistes. En effet, seuls les vélos peuvent la traverser, les automobilistes étant obligés d'emprunter un périphérique pour la contourner. Il y est donc plus rapide de se déplacer en vélo !

Le transport urbain et son impact

Jusque dans les années 1970, le chauffage et les industries étaient les sources les plus importantes de pollution de l'air. Aujourd'hui, c'est le transport. De 1970 à 1992, le nombre de véhicules particuliers en France a doublé, et 80 % des déplacements en ville sont effectués en voiture. Pourtant, parmi les transports terrestres, la voiture fait partie des plus importants émetteurs de GES, avec une émission de 100 g d'équivalent carbone par passager et par kilomètre, contre 25 pour un bus et 3 pour un train.

En voiture autrement...

Le covoiturage, c'est le partage des trajets avec des personnes allant au même endroit que toi. Cela permet une utilisation plus économique de la voiture. Certaines villes, comme San Francisco aux États-Unis, réservent sur les grands axes une voie de circulation pour les voitures transportant plus de trois passagers. Si tu ne connais personne, il existe des sites Internet permettant d'entrer en contact avec des personnes parcourant le même trajet aux mêmes horaires.

La ville : à pied, à vélo, à roller

En ville, un quart des voitures parcourt moins de 1 km et la moitié moins de 3,5 km. Dans ces conditions, la voiture consomme trois fois plus que sur route et s'use beaucoup plus vite. Pour les petites distances, il est donc plus judicieux et plus économique de marcher. Le vélo ou les rollers permettent aussi de se déplacer rapidement en ville. Et s'il fait mauvais, mieux vaut privilégier les transports en commun (bus, métro, tramway).

Vélib' et Autolib'

En 2007, la ville de Paris a créé Vélib' un système de location de vélos en libre-service peu coûteux à utiliser. 20 000 vélos sont disponibles dans 1 200 stations. Le succès du Vélib a incité Paris à étendre ce système à des voitures électriques louées à la journée ou à l'heure à un tarif accessible. En 2011, ce nouveau service permet d'emprunter 2 000 véhicules dans quelques 700 stations.

Depuis quelques années, les rollers sont à la mode et permettent aux usagers de se déplacer facilement et sans polluer.

Moins de voitures en ville

À Londres, on a compris qu'en multipliant les parkings, on attirait les voitures dans le centre-ville. C'est pour cela que certains parkings publics n'ouvrent qu'à 10 heures du matin afin d'inciter les personnes qui travaillent à emprunter les transports en commun. De son côté, la ville de La Rochelle a fait un effort tout particulier pour promouvoir des transports urbains novateurs. Elle a ainsi permis la location en libre-service de voitures électriques, tandis que la livraison de colis en centre-ville est elle aussi assurée par des véhicules électriques.

Épargner l'énergie

Notre énergie est issue pour l'essentiel de combustibles fossiles qui sont responsables du réchauffement de la Terre. Il faut donc les économiser, en attendant l'arrivée du « tout renouvelable ».

Problèmes du solaire

La quantité d'énergie solaire reçue chaque jour par la Terre est 7000 fois plus importante que l'énergie que consomme l'humanité pendant le même temps. Mais cette énergie solaire est répartie sur une surface très étendue, si bien qu'il est difficile de la capter efficacement.

Ces concentrateurs d'énergie solaire situés en Australie permettent d'atteindre de très hautes températures.

Les énergies fossiles

Le charbon utilisé aujourd'hui résulte de l'enfouissement d'une grande quantité de végétaux terrestres, que la pression, la température et des milliers d'années ont transformés en combustible. Le pétrole est un mélange de milliards de petits organismes marins (plancton) et de particules d'argile, compressés et chauffés, qui met beaucoup de temps à s'élaborer. Ces combustibles sont en quantité limitée et leur combustion rejette du dioxyde de carbone : ils contribuent à l'effet de serre.

Les énergies renouvelables

Ces énergies utilisent des flux inépuisables d'énergie comme le Soleil, le vent, l'eau... L'énergie solaire peut être captée par des panneaux photovoltaïques, qui la transforment directement en électricité, ou par des capteurs, qui chauffent un fluide. Les éoliennes et les barrages utilisent respectivement la force du vent et la force hydraulique pour créer de l'électricité. Ces énergies n'entraînent pas de rejet de CO_2 dans l'atmosphère. Elles sont le futur de l'humanité.

Énergie nucléaire

Le nucléaire à neutrons lents semble idéal pour fournir une énergie « propre » ne rejetant pas de gaz à effet de serre. Mais ces réacteurs très coûteux consomment un uranium dont les réserves sont limitées. Ils laissent aussi aux générations futures le soin de surveiller des déchets qui ne fourniront aucune énergie et facilitent la dissémination nucléaire. Le nucléaire n'est donc qu'une énergie de transition en attendant l'épanouissement des énergies renouvelables.

Fabrique un four solaire

- 1 sachet de cuisson allant au four ou 1 saladier en verre
- 1 grand carton
- Du papier aluminium
- 1 pot de cuisson noir

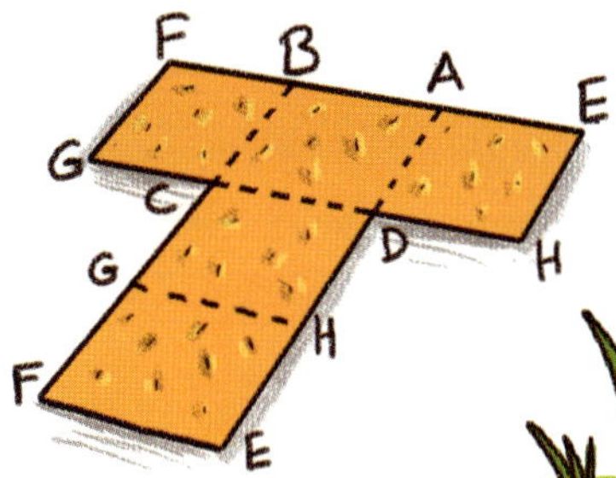

1. Retire les rabats du carton, puis découpe-le de manière à obtenir un ensemble plat de cinq rectangles (voir figure) : A, B, C, D, E, F, G, H.

2. Recouvre ces cinq rectangles de papier aluminium. Dispose les trois panneaux verticalement, les deux situés aux extrémités ayant un angle de 45° avec celui du milieu.

3. Place-toi au soleil, remplis le pot de cuisson d'eau, recouvre-le du saladier en verre (ou du sachet de cuisson) et dispose le tout au centre du four. Attends que l'eau frémisse, puis enlève le saladier sans te brûler, et mets du sel et du riz dans l'eau. Attends ensuite 1 heure pour déguster ton premier riz solaire !

Acquérir des gestes quotidiens

Pour économiser l'électricité, profite de la lumière naturelle en ouvrant les volets le matin. Le renouvellement des ampoules « grillées » est l'occasion de les remplacer par des ampoules basse consommation, plus chères à l'achat mais qui ont une durée de vie dix fois supérieure et consomment cinq fois moins ! Il ne faut pas laisser les appareils électriques en veille car ils continuent à consommer de l'énergie. Dégivrer le frigo et le congélateur régulièrement évite un gaspillage d'énergie. Enfin, mieux vaut acheter des appareils électroménager de type A : ce sont ceux qui consomment le moins.

Dépenses d'énergie du foyer

En France, la moitié de l'énergie consommée dans une maison est utilisée pour le chauffage, la plupart du temps assuré par des énergies fossiles. Pour faire des économies, il est utile de bien isoler la maison et de maintenir à l'intérieur une température raisonnable : 19 °C dans les pièces à vivre (augmenter la température de 1 °C conduit à consommer 7 % d'énergie supplémentaire) et 16 °C dans les chambres.

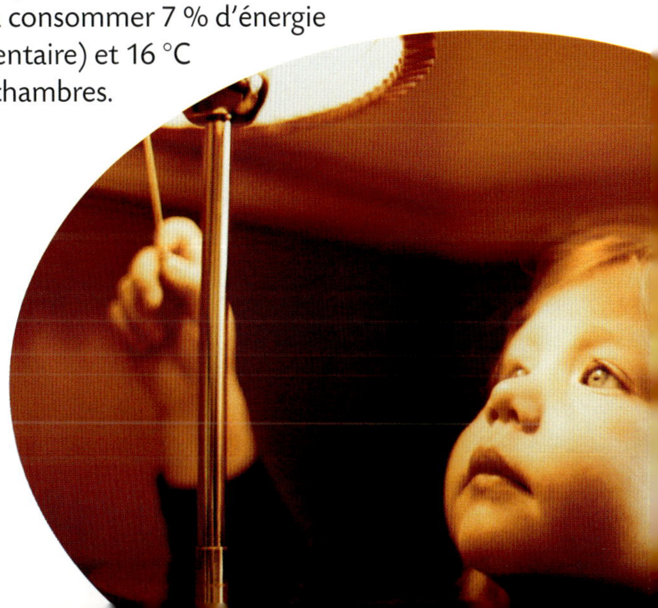

Un geste simple à acquérir : comme cette petite fille, il ne faut pas oublier d'éteindre la lumière quand on quitte une pièce.

Avares d'eau

La terre est couverte d'océans et de mers salés, mais l'eau douce y est rare et nécessite des traitements coûteux… Quelques gestes simples permettent de l'économiser !

Dépenses d'eau dans la maison

L'eau est utilisée en grande partie (93 %) pour les tâches ménagères, la toilette et les WC. En effet, un lave-vaisselle – même récent – consomme de 20 à 40 litres d'eau, un lave-linge de 40 à 90 et l'utilisation des WC quant à elle représente 33 à 40 % de la consommation d'eau. Seuls 7 % de l'eau consommée servent à la boisson et permettent la préparation des aliments.

Supprimer les fuites

Pour détecter une fuite d'eau, il faut relever le compteur le soir quand toute utilisation d'eau est terminée et le relever le matin suivant avant d'ouvrir le moindre robinet. Si le compteur a tourné, c'est qu'il y a une fuite. Un robinet qui goutte entraîne une consommation de 35 m^3 par an.

Les toilettes sèches

Ce sont des toilettes qui n'utilisent pas d'eau. Pour les plus simples, il s'agit d'un seau (recouvert d'un cadre et d'une lunette) qui recueille les excréments et les urines. À chaque passage aux toilettes, on recouvre l'urine d'une couche de sciure (ou de cendres). Le seau doit être vidé régulièrement et peut servir à faire un compost de très bonne qualité.

L'eau potable est une denrée précieuse dont l'accès n'est pas toujours facile.

L'eau des brumes

Le petit village de Chungungo, au Chili, est situé dans le désert d'Atacama. Il n'y pleut jamais, mais il y a constamment une épaisse brume. Pendant des années, les habitants ont été ravitaillés en eau par des camions-citernes. Puis des scientifiques ont eu l'idée d'extraire l'eau de la brume grâce à de grands filets de 4 mètres de hauteur installés à flanc de montagne. Lorsque le vent souffle, la brume est poussée à travers les filets, qui retiennent les gouttelettes d'eau par condensation. L'eau tombe ensuite dans des gouttières qui alimentent un réservoir. Ce système permet de recueillir en moyenne 15 000 litres d'eau par jour !

Économiser l'eau

Pour la toilette, une douche de trois minutes consomme trois fois moins d'eau qu'un bain. Il est préférable de ne lancer un lave-linge ou un lave-vaisselle que lorsqu'ils sont vraiment remplis, pour utiliser l'eau de manière optimale. Installer des bassines sous les robinets de la cuisine ou de la salle de bains permet de récupérer l'eau de la petite vaisselle que l'on fait à la main. Elle peut ensuite servir dans les WC. Plus généralement, il est important d'allonger le cycle de l'eau, pour la réutiliser avant de la rejeter (par exemple l'eau qui a lavé la salade peut servir à arroser les plantes). De même pour l'arrosage du jardin, il est relativement facile de récupérer une partie de l'eau de pluie dans de grands tonneaux (en France, le toit d'une maison de 150 m^2 reçoit 90 000 litres d'eau par an) de façon à passer aisément l'été.

Recycleurs de déchets

Depuis les années 1960, la production de déchets a doublé. Les emballages individuels se multiplient et nous croulons sous les déchets : le recyclage s'impose.

Le recyclage des canettes de boisson en aluminium permet d'économiser les matières premières et l'énergie.

Économies d'autrefois

Autrefois, on réutilisait au maximum. Dans les fermes, les épluchures de légumes servaient à nourrir les cochons et à faire du compost. En ville, les chiffonniers récupéraient les chiffons, les métaux, le cuir... pour les revendre. L'entrée dans la société de consommation et l'apparition des grandes surfaces ont permis l'accès à bas prix d'une multitude de biens et d'aliments. Cela nous a rendus très gaspilleurs : 26 % de notre nourriture finit à la poubelle. Les emballages se multiplient et représentent un tiers de nos déchets.

Recycle le pain dur en faisant un pudding !

- **300 g de pain dur**
- **1 l de lait**
- **150 g de sucre**
- **100 g de raisins secs**
- **1 sachet de vanille**
- **3 œufs**

1. Fais tremper le pain dans le lait jusqu'à ce qu'il soit entièrement ramolli. Fais tremper les raisins secs dans de l'eau ou dans du thé.

2. Émiette bien le pain ramolli. Ajoute le sucre, les œufs puis les raisins égouttés, ainsi que le rhum.

3. Mets dans un moule beurré, cuis de 45 à 50 min à 190 °C. Laisse refroidir avant de déguster.

La mise en place d'un « coin à compost » dans le jardin permet le recyclage des déchets organiques.

Trier et recycler

Les déchets organiques (pelures de légumes, coquilles d'œufs, marc de café, herbe...) peuvent être utilisés pour faire un compost. Le tri sélectif permet de séparer des autres ordures les boîtes de conserve, les briques alimentaires et certains plastiques. Si le tri sélectif n'est pas organisé dans la commune, il y a des conteneurs pour récupérer le verre ou le papier. Mieux vaut les utiliser au maximum : 27 bouteilles en plastique et 670 canettes permettent de fabriquer respectivement un pull et un vélo.

Un nouvel état d'esprit

La fabrication des objets que nous utilisons a nécessité de l'énergie, que l'on nomme l'énergie grise. Pour économiser cette énergie, il est donc raisonnable de renouveler ces objets le moins souvent possible et d'exploiter toutes leurs possibilités en les réutilisant au maximum. Les jouets dont on ne se sert plus iront à des amis ou à une association caritative. Les bouteilles en plastique peuvent servir à construire une mangeoire à oiseaux ou un système de goutte-à-goutte. Étendu au pied des arbres, le gazon coupé permet de les pailler. Résultat : on conserve l'humidité (donc on économise de l'eau) et on empêche la pousse des mauvaises herbes.

Zéro déchet

Dans un avenir proche, nous ne fabriquerons plus que deux sortes de produits : ceux qui sont entièrement biodégradables (comme les aliments) et ceux qui permettent de rendre un service (comme les ordinateurs ou les automobiles), objets qui seront entièrement recyclés. Tous les autres produits fabriqués par l'industrie et qui ne peuvent ni être éliminés ni recyclés ne seront plus utilisés.

Vide-grenier, une façon amusante de recycler les objets.

Le prix des légumes cultivés en agriculture industrielle ne reflète pas tous les coûts engendrés par cette production.

Les écotaxes

L'utilisation des écotaxes est un des outils les plus efficaces pour diminuer les pollutions et transformer l'économie.

Les prix et les coûts

Pour que les relations commerciales soient justes et durables, il faut que les prix des produits traduisent leurs prix véritables. Ainsi, le coût d'1 kg de tomates cultivé localement par un petit maraîcher bio correspond au salaire du producteur, auquel il faut ajouter le prix des semences et de l'eau utilisée. Les choses se compliquent dans le cas d'1 kg de tomates cultivé par un gros producteur en agriculture industrielle. En effet, les subventions reçues lui permettent de proposer des prix plus bas, alors que l'emploi de pesticides et d'engrais engendre une pollution dont le coût n'apparaîtra pas dans le prix de vente, mais sera pourtant payé par la communauté.

Nicolas Pigou

Nicolas Pigou est un économiste anglais qui publie en 1920 *The Economic of Welfare* (« L'économie du bien-être »). Il y suggère une taxe qui permettrait d'intégrer dans les prix tous les coûts de la production, en incluant la pollution et les divers dommages causés à l'environnement.

Pigou et ses taxes

Des prix justes sont donc des prix qui intègrent tous les coûts, aussi bien ceux qui frappent l'environnement actuel que ceux qui seront supportés par les générations futures. Ainsi, le prix du pétrole n'intègre pas ses ravages environnementaux et celui du bois est beaucoup trop bas lorsque ce dernier a été coupé dans des forêts anciennes qui n'ont pas été replantées. L'économiste anglais Nicolas Pigou a suggéré pour la première fois en 1920 d'instaurer une taxe correspondant aux dépenses supportées par l'ensemble de la communauté. Cette taxe est destinée à rendre le bois coupé dans des forêts à gestion responsable moins cher que celui des forêts primaires, ce qui à terme devrait interdire cette pratique.

Arbre d'une forêt primaire abattu au Bostwana.

Fonderie d'aluminium au Kazakhstan rejetant des fumées polluantes. Lorsque ces rejets sont taxés, la pollution diminue très sensiblement.

L'Europe et les taxes

De nombreux pays européens ont entrepris des réformes fiscales vertes. La taxe suédoise sur le soufre dans les carburants (1991) a permis au pays de baisser ses émissions de soufre de 19 000 tonnes par an. En Norvège, la taxe de 1991 sur le CO_2 a réduit les émissions des chauffages de 21 % par an. En France, le système de bonus-malus mis en place en 2008 a fait baisser les émissions de CO_2 des voitures neuves de 12 % en deux ans.

Une fiscalité neutre

Pour que les écotaxes soient acceptées, il ne faut pas qu'elles s'ajoutent à des impôts déjà existants mais qu'elles se traduisent pour les consommateurs ou les entreprises par des gains sur d'autres postes. C'est ainsi que le Danemark a procédé à une réforme d'ensemble de sa fiscalité. Avant de mettre en place les écotaxes, le pays a réduit les impôts directs sur toutes les tranches. Plusieurs pays ont aussi compensé l'introduction de nouvelles écotaxes par une réduction des charges sociales des employeurs, espérant ainsi parvenir en parallèle à baisser le chômage.

Dynamiques et réparatrices

Si les citoyens changent leurs habitudes de consommation pour éviter les écotaxes, il est évident que les recettes escomptées vont aller en diminuant. La Suède a ainsi vu le produit de sa taxe sur le soufre baisser rapidement au fur et à mesure de son succès. On peut en déduire que les écotaxes devront être en perpétuelle évolution pour arriver à réduire les pollutions et restaurer les milieux naturels. Il ne faut pas s'en étonner puisque l'économie est vivante et donc en perpétuelle évolution. Comme l'est la nature, l'économie deviendra ainsi dynamique et réparatrice.

Maîtresse d'école indienne guidant les enfants de sa classe, filles et garçons mêlés.

Vers un monde juste et

Des expériences d'économie et d'urbanisme d'avant-garde annoncent un monde nouveau, où femmes et hommes vivront un développement basé sur la justice et la liberté.

solidaire

Économie solidaire

De nombreuses expériences tentent de promouvoir une société fraternelle, dans laquelle solidarité et coopération sont des valeurs préférées à celles de la compétition et de la loi du plus fort.

Un jardin potager ouvrier à Belfort.

La Nouvelle Économie fraternelle

L'association pour la Nouvelle Économie fraternelle (Nef) est un établissement de crédit qui soutient des projets dans les domaines de l'agriculture biologique, des énergies renouvelables, de la formation, de la santé, de la culture, etc. Dans ce cadre, quand l'emprunteur n'a pas une solidité financière suffisante, il peut mobiliser un cercle d'amis qui vont s'engager à rembourser une partie de sa dette en cas de défaillance.

Les jardins de l'insertion

Nommés « Jardins de cocagne » ou « Cultivons la solidarité », ces jardins emploient des personnes en difficulté : chômeurs, RMIstes, SDF, etc. Sous la direction de maraîchers professionnels, ils apprennent à cultiver des légumes biologiques. La récolte est ensuite vendue à des adhérents, qui s'engagent pour une année à se fournir au jardin et reçoivent chaque semaine un panier pour quatre personnes. En travaillant la terre, les « employés » des jardins retrouvent joie de vivre, équilibre et vie sociale.

Le système d'échange local

Né au Canada, ce système a pour but l'échange de biens ou de services (par exemple leçons de chant ou bricolage), sans utiliser la monnaie du pays. Tout se paie en « monnaie locale » (le grain de sel, par exemple) proportionnellement au temps de travail effectué (1 heure de ménage équivaut à 1 heure de cours d'informatique). Un site Internet crédite le compte de celui qui a fait le travail, et débite celui qui en a profité. Le système permet donc à tous d'acquérir des grains de sel en échange de leur travail, ce qui permet aux chômeurs de retrouver une activité et aux personnes isolées de retisser des liens avec leur entourage.

Les crèches parentales

Les crèches officielles étant trop peu nombreuses pour accueillir tous les enfants, 1 300 crèches parentales ont été créées en France à l'initiative des parents. Ceux-ci s'engagent à être présents à la crèche une demi-journée par semaine et ils assurent le repas de midi une à deux fois par mois. La crèche parentale a l'avantage d'être une petite structure familiale, puisqu'elle accueille en moyenne une douzaine d'enfants. Elle permet aux parents de participer davantage à l'éducation de leurs enfants et de tisser des liens avec d'autres familles du quartier.

Les parents participent régulièrement à l'animation de la crèche parentale.

Tontines africaines

Un groupe de personnes décide de placer régulièrement dans un pot commun une somme d'argent identique. Ensuite, on prête l'ensemble de la somme à celui qui en a le plus besoin. Cela permet aux plus pauvres de s'acheter une maison, un troupeau ou une voiture. Ce système, qui repose sur la parole donnée, favorise l'entraide et incite au travail car il y a toujours obligation de rembourser les sommes empruntées.

Une autre distribution

L'Association pour le maintien d'une agriculture paysanne (Amap) permet de consommer légumes et fruits de saison cultivés par des producteurs locaux qui respectent la biodiversité et la nature.

Consommer différemment : les Teikei du Japon

Dans les années 1960, des Japonaises, soucieuses des conséquences de l'intensification de l'agriculture, décident de se grouper pour passer un accord avec un agriculteur. Elles lui garantissent l'achat de toute sa production à l'avance ; en contrepartie, l'agriculteur s'engage à leur livrer des fruits et légumes cultivés sans produits chimiques. C'est ainsi que naissent les premières « Teikei », dont le nom signifie : « le visage du paysan sur les aliments ». Dans les années 1970, des expériences communautaires fondées sur le même principe se développent aux États-Unis et au Canada sous le nom de *Community Supported Agriculture* (CSA).

La distribution des légumes d'une Amap impose un rangement précis des divers composants du panier avant l'arrivée des consommateurs.

La naissance des Amap en France

En 2001, au cours d'un voyage aux États-Unis, Denise et Daniel Vuillon, agriculteurs, découvrent le système des CSA : les associations communautaires soutenant l'agriculture. Ils lancent alors en France la première Amap. Cette expérience leur permet de maintenir leur activité d'agriculteurs dans la région Paca (Provence-Alpes-Côte d'Azur) qui a perdu 15 000 exploitations en cinq ans, soit un tiers de ses effectifs !

Une économie locale et solidaire

Le principe est simple. Des consommateurs s'engagent pour la durée d'une campagne (six mois, par exemple) à acheter la production d'un agriculteur. Celui-ci s'engage en retour à fournir, chaque semaine, un panier rempli de légumes et fruits de saison cultivés dans le respect de la nature, pour la consommation d'environ trois personnes. Ce système, hors économie de marché, permet à l'agriculteur d'écouler l'intégralité de sa production, et de ne pas être soumis aux aléas des importations et des fluctuations du marché. Déchargé du souci de la vente, il peut s'attacher à la qualité et à la diversité de sa production. L'engagement à l'avance des consommateurs lui permet de régler les coûts engendrés par les plantations et lui assure un salaire décent.

L'Amap permet de redécouvrir des recettes oubliées, comme celle des beignets de fleurs de courgette.

Le partage et l'échange

L'échange des paniers se fait chaque semaine et permet de « faire ses courses » dans une ambiance beaucoup plus chaleureuse que dans un supermarché. Le panier, composé d'une douzaine de produits différents cueillis le jour même, coûte entre 20 € et 25 €. On redécouvre des goûts intenses, des légumes oubliés ou peu cuisinés : potiron, potimarron, fenouil, blette... Dans cette structure associative, les consommateurs sont aussi acteurs et participent, s'ils le peuvent, à l'organisation de la distribution, au chargement et au déchargement du camion, etc.

Le commerce équitable

Le commerce équitable a pour but d'établir des échanges plus justes entre les consommateurs du Nord et les petits producteurs du Sud, afin que ceux-ci puissent vivre dignement et éduquer correctement leurs enfants.

Plans de coton (ci-dessus) et de café (ci-dessous), deux des produits qui alimentent le commerce équitable.

Femme qui coupe de la feutrine, au Népal.

Des relations plus justes

Le commerce équitable repose sur une idée toute simple : le consommateur doit payer un peu plus cher le produit qu'il achète, pour que le petit producteur reçoive pour son travail un salaire juste et stable. Ce sont des associations comme Oxfam, Artisans du monde, Andines ou Minga-faire-ensemble qui ont les premières mis en place le commerce équitable : elles ont servi de liens entre producteurs du Sud et consommateurs du Nord, et se sont chargées d'assurer aux producteurs des prix justes, une réduction du nombre d'intermédiaires, un préfinancement de la récolte et le versement d'une prime d'amélioration de leurs conditions de vie.

Un impact important

Dans les années 1980, des labels ont été créés, dont le plus connu est délivré par l'association Max Havelaar. Les produits labellisés sont de plus en plus disponibles dans les grandes surfaces.
Le chiffre des ventes de produits labellisés Max Havelaar est ainsi passé en France de 12 millions d'euros en 2001 à 303 millions d'euros en 2010, ce qui correspond à des ventes multipliées par un coefficient supérieur à 25 ! Pour les producteurs, cela signifie que les fluctuations des prix mondiaux sont supprimées, et que la stabilité des commandes et le préfinancement des récoltes sont assurés. Ils échappent ainsi aux usuriers (prêteurs à intérêt très élevé) et mènent à bien des projets (construction d'écoles, de centres de santé ou de maisons).

Max Havelaar

Eduard Douwes Dekker, dit Multatuli (« j'ai beaucoup souffert », en latin), a publié en 1860, aux Pays-Bas, le roman *Max Havelaar*, une œuvre anticolonialiste et antiesclavagiste. Le héros est une sorte de Robin des Bois, un défenseur des faibles. Il prend le parti des petits producteurs de café javanais, qui vivent dans des conditions de vie misérables du fait de leur exploitation par les colons.

Producteur de café équitable en Haïti : cette filière de production permet aux petits paysans du Sud de vivre décemment de leur travail.

Transformer la société

L'idée de commerce équitable, appliquée avec succès aux échanges entre producteurs du Sud et consommateurs du Nord, devrait devenir une nouvelle norme, applicable à l'ensemble des transactions, même à l'intérieur de la sphère économique du Nord. Cela permettrait de payer de façon plus juste les petits paysans producteurs d'Europe et d'arrêter les délocalisations, ces installations d'industries du Nord dans des pays où la main-d'œuvre est à la fois sous-payée et exploitée.

Des distributeurs inéquitables ?

La grande distribution (hypermarchés) pratique avec ses fournisseurs habituels des démarches commerciales extrêmement agressives, à l'exact opposé des démarches équilibrées du commerce équitable. Cela n'empêche nullement les hypermarchés d'affirmer leur soutien au commerce équitable, présent sur leurs rayons, mais qui ne représente qu'un poids infime dans leur chiffre d'affaires. Ils affichent ainsi leur bonne conscience, tout en poursuivant leurs pratiques inéquitables avec leurs autres fournisseurs !

Système traditionnel : le prix de vente est de 1,8 à 3 € ; le petit producteur reçoit 0,15 €.

Système Max Havelaar : le prix de vente est de 2,3 à 3,35 € ; le petit producteur reçoit 0,62 €.

Troupeau d'éléphants cheminant après un orage, dans une plaine du Kenya.

L'écotourisme

Devant les dégâts environnementaux provoqués par le tourisme de masse, on assiste depuis quelques années à la mise en place d'un tourisme plus durable, l'écotourisme.

Un ou des écotourismes ?

L'écotourisme est une manière de voyager respectueuse de la planète, de ses paysages et de ses habitants. Il se pratique en petits groupes, à la découverte d'une nature préservée. Les écotouristes peuvent aussi s'intéresser aux réalités humaines de la région, rencontrer des ONG travaillant sur place, soutenir financièrement des projets locaux de développement ou s'investir personnellement dans ces mêmes projets.

L'impact écologique du voyage

L'utilisation de l'avion pour se rendre sur le lieu de ses vacances se traduit malheureusement par une importante émission de gaz à effet de serre. Tant que les avions seront aussi polluants, et si c'est possible, le vrai écovoyageur aura recours au bateau ou au train, beaucoup plus économiques, à moins que sa destination ne lui permette un voyage à vélo, à cheval ou même à pied !

Une croissance spectaculaire

La croissance de l'écotourisme est spectaculaire puisque, chaque année, 5 millions d'écotouristes quittent les États-Unis pour visiter le monde, et qu'à peu près autant proviennent d'Europe occidentale. Cet afflux rend la faune des parcs nationaux (situés en Afrique, par exemple) tout à fait rentable : on a calculé au Kenya que les terres des parcs nationaux visitées par les écotouristes ont un rendement à l'année de 40 $ à l'hectare (contre 0,8 $ si elles étaient cultivées). Chaque troupeau d'éléphants représente une entrée de devises équivalente à 600 000 $ par an, soit beaucoup plus que la valeur de leurs défenses en ivoire, ressource par ailleurs non renouvelable.

Un village des Ibans, à Sarawak (Bornéo).

Des déceptions…

Il reste à vérifier que les populations du pays reçoivent de ces sommes un pourcentage suffisant, pour qu'elles puissent mener des actions de développement. Or, les études réalisées par l'ONU montrent que plus de 50 % des sommes dépensées par les écotouristes dans les pays du Sud est captée par les pays du Nord, par l'intermédiaire des compagnies aériennes ou des agences de voyage. D'autre part, l'impact de l'écotourisme sur des communautés isolées et fragiles peut se révéler négatif, les rapports entre touristes (même animés de bonnes intentions) et populations du pays étant par trop inégalitaires.

… et des réussites

Des exemples de réussite existent cependant, en particulier lorsque les voyages se font à l'initiative des communautés qui habitent sur place. C'est ainsi que les Ibans (Bornéo) reçoivent des visiteurs dans leurs maisons traditionnelles, leur font découvrir la vie de la forêt et observer les orangs-outans ; ce qui a fait des villageois les meilleurs protecteurs de ces grands singes. De la même façon, l'ethnie Makuleke, propriétaire de terres dans le parc Kruger (Afrique du Sud), gère sagement sa ressource en logeant les écotouristes, en luttant contre les braconniers et en vendant des droits de chasse en quantité strictement limitée.

La Grameen Phone, entreprise affiliée à la Grameen Bank, permet aux villageois de profiter d'un téléphone satellitaire à faible prix.

Les banques de l'espoir

Une banque distribuant des microcrédits destinés aux plus pauvres a été créée au Bangladesh. Cette formule à succès est reprise par d'autres organismes dans de nombreux pays.

Des besoins criants

Lorsque Muhammad Yunus, professeur d'économie à l'université de Chittagong (Bangladesh), visite les campagnes de son pays en 1974, il y découvre une terrible famine. Les personnes pauvres ne peuvent économiser le peu d'argent qui leur permettrait de démarrer une activité et de sortir de leur misère. Bien qu'il ne leur faille que quelques dollars par personne, ils ne peuvent les emprunter à des banques, car celles-ci les considèrent comme incapables de rembourser.

La banque Grameen

Le professeur Yunus décide alors de réaliser un emprunt à son nom, pour prêter cet argent à ceux qui en ont besoin. Tous sans exception le rembourseront. Pourtant, malgré ce résultat, les banquiers refusent toujours de prêter aux pauvres. En désespoir de cause, Muhammad Yunus décide en 1983 de créer une banque qu'il nomme, Grameen (« villageoise »). Cette banque a pour vocation de prêter aux plus pauvres, sans leur demander de caution. Elle remplace cette caution par la confiance en la solidarité de ses emprunteurs.

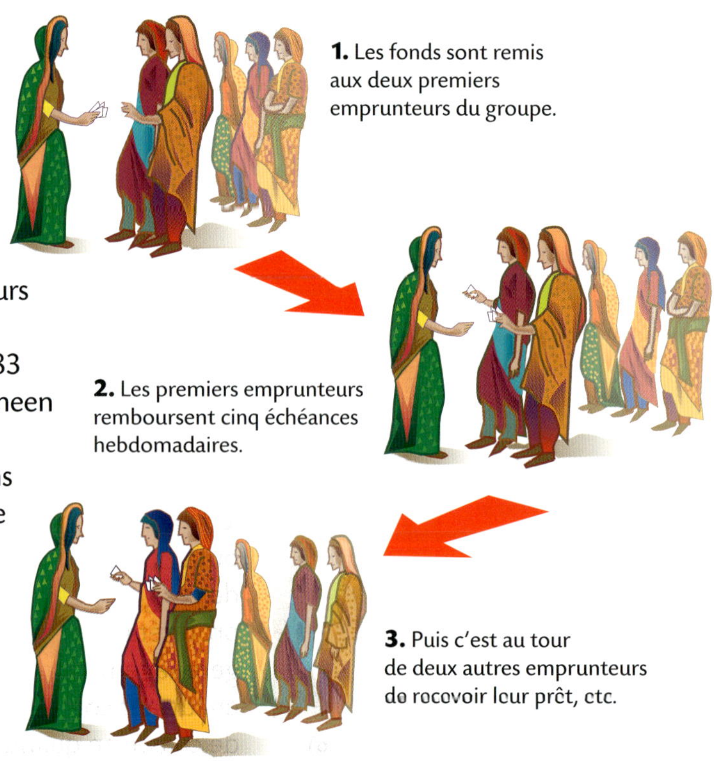

Schéma de la remise des fonds aux cinq emprunteurs solidaires de la Grameen Bank. Ne remboursant pas tous en même temps, ils peuvent mieux s'entraider.

Un fonctionnement solidaire

Les emprunteurs doivent constituer des groupes de cinq personnes qui se soutiennent en évaluant la faisabilité des projets présentés et en s'engageant collectivement à rembourser les sommes empruntées. Les réunions hebdomadaires des emprunteurs sont aussi l'occasion de promouvoir des règles d'hygiène de vie et de santé.

Des résultats encourageants

Le système solidaire de la banque Grameen s'est révélé très efficace : la pauvreté extrême des familles a reculé de plus de 70 % dans les cinq ans qui ont suivi leur adhésion à la banque. Cela a amélioré le contrôle des naissances, la scolarisation des enfants et leur nutrition. Malheureusement, victime de l'hostilité du gouvernement du Bangladesh, Muhammad Yunus a été démis de ses fonctions de directeur de la banque le 2 mars 2011. Il va donc être contraint à limiter son action au Bangladesh pour se consacrer à sa fondation américaine.

Tout autour du monde

Ces dernières années, d'autres organismes de microcrédit ont fleuri partout dans le monde. Ainsi, en Bolivie, la *Banco Solidaridad* (Bancosol) se consacre au financement des microentreprises. Et en Indonésie, la *Bank Rakyat of Indonesia* (BRI) assure un programme de crédit agricole accessible à tous.

Microentreprise de fabrication de nattes créée grâce à un prêt de la Grameen Bank.

La part des femmes

Au Bangladesh, comme dans la plupart des sociétés humaines, la responsabilité de la famille et l'éducation des enfants sont assurées essentiellement par les femmes. C'est pourquoi 94 % des clients de la banque Grameen sont des femmes qui empruntent de petites sommes (de 20 à 100 $) pour créer des microentreprises d'élevage, d'artisanat, de commerce, etc.

Ma petite entreprise

De nombreuses initiatives venues de simples citoyens ou de petites structures transforment l'économie pour la rendre plus durable et la mettre véritablement au service de l'homme et de l'environnement.

Repas convivial dans une ferme-auberge.

Tables d'hôtes

De nombreux fermiers diversifient leurs activités et accueillent des touristes, qu'ils hébergent et nourrissent dans des chambres et des tables d'hôte. Les voyageurs profitent d'une cuisine de qualité faite avec les produits de la ferme, ce qui a l'avantage de supprimer toute perte d'énergie. C'est aussi l'occasion pour les citadins de rencontrer et mieux comprendre un autre mode de vie, tout en partageant une table conviviale.

Le terreau du changement

Une économie réparatrice vise à améliorer la qualité de la vie tout en utilisant moins de ressources. Or, les grandes entreprises ont aujourd'hui pour objectif essentiel la croissance et le profit. Les petites entreprises, elles, laissent souvent plus de place aux inventeurs et aux idéalistes. Elles sont ainsi plus novatrices que les grandes entreprises. C'est donc sur le terreau des petites sociétés que naissent et grandissent les idées nouvelles.

Plusieurs milliers de chambres d'hôte jalonnent la France.

L'intérêt du local

La fabrication de produits par de petites entreprises locales et leur vente sur place génèrent des économies importantes pour l'ensemble de la communauté. Ainsi une coopérative d'un village du Midi, qui vend son vin au détail 1 € le litre, va faire dépenser à une communauté de 1 000 personnes, qui en consomme en moyenne 50 000 litres/an, la somme de 50 000 €. Le gros distributeur national va vendre les 50 000 litres en bouteilles au prix de 75 000 €, la différence de prix étant due aux frais de port, d'emballage, de publicité, etc. On voit donc bien que la solution locale est plus avantageuse, tout en réduisant la quantité de déchets et l'impact écologique des transports.

« L'accouchement aux pieds nus »

Dans les années 1950, est apparu l'« accouchement sans douleur » : les futures mères sont informées du déroulement précis de l'enfantement et entraînées à augmenter leur capacité respiratoire et leur décontraction. Depuis les années 1990, la péridurale, une piqûre anesthésiante, l'a souvent remplacé. Pourtant, la péridurale impose une structure médicale lourde et des dépenses importantes. À l'inverse, l'accouchement sans douleur peut être pratiqué par la plupart des femmes de tous les pays et même être enseigné par des « médecins aux pieds nus », ces personnes ayant reçu une formation médicale et exerçant dans des zones reculées.

Retour vers le futur

Utilisé massivement dans l'habillement, le coton blanc est cultivé un peu partout dans le monde, car ses fibres longues et résistantes sont adaptées aux machines à filer. Cependant, sa culture consomme 23 % du total des insecticides produits dans le monde, et sa teinture est polluante. En 1990, les recherches menées pour diminuer l'impact de ces cultures sur l'environnement ont permis de redécouvrir un coton naturellement coloré, cultivé par les Indiens d'Amérique depuis plus de 5 000 ans. La firme américaine *Natural Cotton Colours* a croisé ces anciennes variétés colorées avec d'autres pour obtenir de nouvelles couleurs et des fibres plus longues. Depuis, de nombreux fabricants de vêtements utilisent ces fibres, ce qui permet de mieux préserver l'environnement.

Des financements inventifs

Apparus il y a quelques années, divers organismes prêtent de l'argent aux créateurs de microentreprises. Ainsi, les Cigales (Clubs d'investissement et de gestion alternative de l'épargne solidaire) financent les jeunes entreprises locales dans les domaines de l'écologie ou de l'insertion. France initiative réseau fournit pour sa part des prêts d'honneur à des personnes en difficulté souhaitant développer un projet ancré dans leur région.

Curitiba, capitale écologique

Curitiba a été désignée capitale écologique du Brésil malgré l'explosion de sa population, qui est passée de 300 000 habitants en 1950 à 2,1 millions en 1990.

Un rêve collectif

C'est la créativité de Jaime Lerner (architecte et urbaniste) et de son équipe qui a fait de Curitiba ce qu'elle est aujourd'hui : une ville qui ne sépare pas le travail des loisirs ou des lieux d'habitation.
Une cité humaine qui prône la solidarité et crée le mélange des activités, des revenus et des âges.
Une ville-laboratoire des transformations futures de la société.

Une croissance guidée

Les autorités de Curitiba ont encouragé l'extension de la ville en évitant l'engorgement du centre. Dans les années 1960, la ville était souvent inondée à cause des constructions anarchiques réalisées sur les bords des rivières. La municipalité a alors décidé d'interdire les constructions sur les zones les plus basses et de réserver des terrains pour permettre le drainage. Les berges des rivières ont été transformées en parc naturel, la surface d'espaces verts par habitant augmentée de 0,5 à 50 m^2 et les inondations ont disparu.

L'échange vert

La municipalité récompense tous ceux qui lui apportent des ordures triées : en échange de 4 kilos d'ordures, on reçoit 1 kilo de légumes frais, un ticket de bus ou un billet de spectacle. Les enfants ont droit à du matériel scolaire, des friandises à Pâques, des jouets à Noël. Avec les déchets organiques, on fabrique un compost pour les plantations de la ville. Les autres déchets, traités dans seize centres, sont recyclés à 70 %. Résultat : les rues de Curitiba sont aussi propres que celles d'une ville suisse.

Tous en bus !

Au lieu de choisir un métro très coûteux et compliqué à réaliser, Curitiba a préféré un système de bus ultraperformant et 300 fois moins cher ! Des bus articulés, pouvant transporter 270 personnes, passent toutes les 2 minutes. Le réseau, très étendu, permet d'accéder à toutes les parties de la ville. Des sociétés privées gèrent ces bus, mais c'est la municipalité qui décide du tracé des parcours, des tarifs et de l'implantation des stations (y compris dans les favelas, quartiers très pauvres et souvent dangereux). Les résultats sont là : 80 % des déplacements sont effectués en bus, ce qui diminue de 30 % la pollution.

Chaque arrêt de bus est équipé de sas. Les passagers paient leur transport à l'entrée de ces abris, permettant ainsi une rotation des bus plus rapide.

La rançon du succès

Curitiba doit faire face à l'afflux de nouveaux arrivants. Cela pose des problèmes sérieux de logements et de transports. La ville s'apprête à reloger 10 000 familles en situation précaire, et à remplacer l'autoroute Sao Paulo-Porto Alegre qui la traverse par une ligne verte réservée aux bus et aux vélos.

Citoyens solidaires

Gérées par des associations de quartier, des « rues de la citoyenneté » regroupent des services administratifs et sociaux décentralisés, et des magasins où les familles aux revenus modestes peuvent acheter les denrées de base à prix coûtant. Des centres de santé toujours ouverts permettent de consulter gratuitement médecin ou dentiste. Des « phares du savoir », bibliothèques reliées à Internet, sont présents dans tous les quartiers, même les plus défavorisés. Enfin, les PIA (programmes d'intégration de l'adolescence) offrent aux jeunes des activités sportives, culturelles, de loisir et d'initiation professionnelle

L'échange vert : des ordures triées permettent d'obtenir des tickets de nourriture ou de transport.

La place des femmes

Les mouvements féministes ont d'abord lutté pour améliorer le statut des femmes. Aujourd'hui, ils militent aussi pour favoriser leur rôle actif dans la société, afin qu'elles parviennent à modifier profondément leur existence ainsi que celle des hommes.

Une femme enseignante, dans une école du Bangladesh.

L'éducation des femmes

L'alphabétisation et l'éducation des femmes ont fait de nombreux progrès durant les vingt dernières années. Dans les pays riches, la quasi-totalité des femmes est alphabétisée, mais dans les pays en développement, près de 600 millions d'adultes ne savent ni lire ni écrire, dont 64 % de femmes. Ce pourcentage grimpe même à 71 % en Asie de l'Est et du Pacifique. Or, l'alphabétisation et l'éducation des femmes ont un impact direct sur la mortalité infantile, qui diminue lorsque les mères sont instruites.

Femmes au travail

Beaucoup de femmes dans le monde restent dans leur foyer, ce qui ne leur permet pas de disposer d'une rémunération. Dès qu'elles travaillent à l'extérieur, et donc rapportent un salaire, leur participation à la prospérité de la famille devient plus visible. Cette liberté de travailler à l'extérieur en favorise d'autres, comme celle d'espacer les naissances. Éducation et emploi des femmes entraînent la baisse du taux de fertilité, c'est-à-dire du nombre moyen de naissances par femme.

Le droit de propriété

Dans de nombreux pays, les lois sur la succession tendent à avantager les héritiers mâles, aussi bien pour la propriété des terres que pour la détention de capitaux. Les hommes contrôlent donc la terre, et les femmes n'y ont accès que par l'intermédiaire de leurs parents masculins. Si bien que les femmes ont énormément de difficultés pour démarrer un projet d'entreprise, même modeste. Pourtant, lorsqu'elles ont la possibilité d'accéder à la propriété, elles obtiennent des succès économiques indiscutables, sources de richesses pour leur communauté.

Actrices du changement

Aussitôt que les femmes abordent les domaines que les hommes s'étaient réservés et qu'elles en exploitent toutes les possibilités, elles obtiennent des résultats en tous points comparables. Leur accès à la propriété foncière permet une meilleure préservation des ressources naturelles et, en particulier, des arbres. L'égalité parfaite établie entre hommes et femmes permettra donc à celles-ci d'exercer une place de choix dans le développement durable.

Wangari Maathai

Cette militante écologiste et politique kényane est la première femme d'Afrique de l'Est à avoir obtenu une licence de biologie aux États-Unis. Elle a fondé le mouvement Ceinture verte en 1977 (soutenu par les femmes kényanes), dont le but était de planter plus de 30 millions d'arbres pour stopper l'érosion des sols. Défenseuse de la démocratie et des droits des femmes, elle a été emprisonnée plusieurs fois au Kenya, avant de recevoir en 2004 le prix Nobel de la paix pour « sa contribution au développement durable, à la démocratie et à la paix. »

Au Kenya, ces femmes plantent des arbres pour lutter contre l'érosion des sols.

Le vote est l'occasion pour les citoyens d'exprimer leurs opinions. Dans les anciennes colonies, il permet l'apprentissage par tous du fonctionnement de la démocratie.

Incontournable démocratie

Seule la vie démocratique procède à des élections régulières. La présence d'une opposition active, d'une presse libre et d'une opinion publique éclairée y encourage la prise de décisions favorables à l'ensemble de la communauté.

Famines et dictatures

Les famines apparues au cours de l'histoire récente ont frappé des territoires coloniaux soumis à une administration étrangère (l'Inde ou l'Irlande sous domination britannique), des pays à parti unique (la Chine entre 1958 et 1961, ou le Cambodge des années 1970) ou des dictatures militaires (Éthiopie, Somalie et certains pays du Sahel). Dans ces cas-là, les gouvernants autoritaires peuvent ignorer la situation véritable du peuple, car ils vivent dans un confort qui les coupe des gouvernés.

De la nourriture en quantité !

Contrairement à ce que l'on pense, même en période de famine, la nourriture existe en quantité dans le pays. Mais les plus pauvres ne peuvent plus l'acheter. Des mesures d'urgence prises par l'État, comme la création d'emplois temporaires, peuvent permettre d'éviter la famine.

La prévention des famines...

Les pays respectant les règles du multipartisme et de la démocratie ont su éviter les famines, car ils ont mis en œuvre des mesures préventives efficaces. C'est ainsi que l'Inde indépendante a fait face à des catastrophes climatiques (en 1968, 1973, 1979 et 1987) sans aucune disette. Le Botswana et le Zimbabwe démocratiques ont pu eux aussi supporter dans les années 1980 une baisse de production alimentaire de 17 %, et même de 38 %, sans véritable dommage. Dans le même temps, la baisse atteignait 11 % au Soudan et en Éthiopie mais provoquait dans ces régimes autoritaires une famine massive.

L'Angleterre en guerre

Les chercheurs ont montré que l'espérance de vie à la naissance a fortement augmenté en Angleterre au cours des deux guerres mondiales. Cela est du à une meilleure répartition de l'alimentation et des soins de santé, répartition égalitaire liée au fort sentiment de solidarité provoqué par la guerre.

Faire vivre la démocratie

La démocratie est le seul régime politique qui permette de prendre en compte les besoins de la population et de réagir en cas de crise majeure. Mais elle ne peut remplir son rôle qu'avec le soutien et la participation de tous. Tu peux contribuer dès aujourd'hui au bon fonctionnement de la démocratie dans laquelle tu as la chance de vivre, en étant actif dans les secteurs ouverts aux enfants : élections des délégués de classe au conseil d'administration de ton collège, conseil municipal des enfants ou parlement des enfants. Cela t'incitera à devenir un citoyen adulte et responsable.

Parlement des enfants : 577 élèves de CM2 élus par leurs camarades de classe choisissent par un vote une proposition de loi.

J'écris ton nom, liberté...

Le développement, c'est aussi le renforcement des libertés réelles dont profite chaque personne : liberté politique mais également économique avec une juste répartition des revenus, et l'accès de tous à l'éducation, à la santé, à la culture, aux loisirs.

Des femmes travaillent hors du foyer, dans un salon de coiffure en plein air à Lagos, au Nigeria.

Emploi et privation des libertés

Dans les pays en voie de développement, la condition des paysans endettés et soumis à leur maître est l'un des exemples les plus évidents de privation de liberté. Ce travail forcé et le travail des enfants sont des obstacles au développement. Dans les pays développés, c'est le chômage qui empêche d'être libre, puisque ne pas travailler, c'est être sans argent et donc sans projets. Le chômage de masse, qui sévit en Europe depuis trente ans, affecte gravement nos sociétés, car il détruit l'équilibre psychologique.

Infirmière animant une discussion sur le contrôle des naissances à Djakarta (Indonésie).

Fertilité et liberté

Par sa politique de l'enfant unique, la Chine a diminué le taux de fertilité à 1,9 enfant par femme. Mais elle a utilisé la contrainte, ce qui a provoqué la hausse de la mortalité infantile ou l'abandon de nouveau-nés. À l'opposé, l'État du Kerala (Inde) a diminué le taux de fertilité à 1,7 enfant par femme grâce à des réunions visant à expliquer aux femmes les inconvénients des grossesses multiples. Cette diminution volontaire de la fertilité n'a entraîné en Inde aucune des conséquences négatives relevées en Chine.

Développement, démocratie et liberté

Le développement durable, garant du respect de l'environnement, ne peut se réaliser tant que des pays vivent sous des régimes de dictature ou que les femmes souffrent d'une situation inférieure. Seules une opposition solide, une presse indépendante et des femmes libres garantissent que les décisions nécessaires à l'amélioration de la société sont réellement mises en œuvre. L'écologie bien comprise ne se limite donc pas à la protection de la nature : elle implique l'accession de tous, et en particulier des femmes, à la démocratie et à la liberté...

« Sur les champs sur l'horizon
Sur les ailes des oiseaux
Et sur le moulin des ombres
J'écris ton nom, Liberté. »
Paul Éluard

Danse de la joie pour Wangari Maathai (voir p. 235) à son retour à Nairobi (Kenya).

Racisme et liberté

Au cours de l'histoire, les restrictions à la liberté des hommes ont été souvent le fait de comportements racistes, comme dans le cas de l'instauration de l'esclavage, de la ségrégation des Noirs aux États-Unis ou de l'apartheid en Afrique du Sud. De 1948 à 1991, ce système de l'apartheid a fait officiellement des « non-Blancs » des citoyens de seconde catégorie. Une « mise à part » inhumaine, condamnée par les fortes paroles de Nelson Mandela : « Je ne suis pas vraiment libre si je prive quelqu'un d'autre de sa liberté. L'opprimé et l'oppresseur sont tous deux dépossédés de leur humanité. »

COPAIN DE LA PLANÈTE

CAHIER PRATIQUE

Les métiers

Chercheur en écologie

Si tu veux comprendre les mystères de la nature et analyser les relations qui existent entre les êtres vivants et l'environnement, alors le métier d'enseignant chercheur ou de chercheur ou en écologie te passionnera.
Ce métier difficile d'accès nécessite des études longues, une grande curiosité intellectuelle, de la persévérance et le goût du travail en équipe.

Des domaines variés

Les chercheurs en écologie s'intéressent à des sujets de recherche très variés, comme la composition du phytoplancton ou le comportement des termites, les défenses végétales des plantes ou les messages chimiques qui parcourent notre environnement. Leur vie peut être aventureuse. C'est le cas pour ces scientifiques qui travaillent sur « le radeau des cimes » afin d'étudier les insectes de la canopée des forêts tropicales, ou encore pour ces plongeurs qui étudient la biodiversité des récifs coralliens.

Des formations de haut niveau

Ces métiers exigent de longues années d'études universitaires : préparation d'une maîtrise en écologie, suivie d'un premier travail de recherche correspondant à l'obtention d'un doctorat en trois ans. Ensuite, le jeune docteur doit trouver un emploi dans la recherche universitaire, ce qui est loin d'être facile, au vu du petit nombre de postes proposés.

Ingénieur environnement

Ces métiers s'adressent à ceux qui veulent aider les entreprises à gérer leur impact sur l'environnement. Ils nécessitent des connaissances en sciences et techniques, notamment dans les domaines de l'hygiène, de l'environnement et de la sécurité.
Un savoir juridique et économique est aussi nécessaire, ainsi que des capacités en communication et en négociation.

Des métiers de contact

Les ingénieurs en environnement réalisent des éco-bilans. Ils contrôlent l'impact de la production industrielle sur l'environnement et proposent des solutions pour lutter contre la pollution, diminuer les dépenses d'énergie et réduire la production de déchets.

Formations variées

Les écoles d'ingénieurs généralistes avec spécialisation en fin de cursus, ou encore les formations longues (DESS environnement, aménagement ou urbanisme) à l'Université permettent d'exercer ces métiers. Citons, par exemple, l'École nationale de génie eau et environnement de Strasbourg, l'École des métiers de l'environnement de Rennes ou le master spécialisé de l'INSA, à Lyon.

Technicien en environnement

Ceux qui ne veulent pas suivre de longues études et souhaitent travailler deux ans après le bac peuvent choisir les métiers de technicien en environnement. Ceux-ci sont très variés, comme ceux des ingénieurs environnement. Ils permettent de s'impliquer dans les mesures de la qualité de l'air ou le traitement des eaux, dans le recyclage des déchets ou la gestion des espaces naturels, voire de devenir animateur-éducateur auprès des divers publics pour les sensibiliser au développement durable.

Les collectivités territoriales

Ce sont les communes, départements et régions qui, étant responsables de la protection de l'environnement (propreté urbaine, espaces verts, gestion des déchets, traitement des eaux), regroupent l'ensemble des métiers du secteur. Les diplômés au niveau bac + 2 titulaires d'un DUT ou d'un BTS ont donc toutes leurs chances de trouver un travail auprès des services environnement des grandes villes ou des villes moyennes.

Les métiers « de terrain »

Si tu souhaites travailler rapidement en étant impliqué dans l'environnement, beaucoup de spécialités différentes s'offrent à toi. Tu peux devenir artisan spécialiste en bio-construction, agriculteur en agrobiologie, ou encore installateur de systèmes solaires ou éoliens.

L'agrobiologie

L'agriculteur bio cultive la terre sans utiliser de produits chimiques. Pour bénéficier de la certification « biologique », il doit respecter la législation française et européenne ; il est aussi contrôlé régulièrement par un organisme agréé. Il doit avoir un sens aigu de l'observation et doser avec sagesse ses interventions sur le milieu. Un certificat de spécialisation, ou un module agrobiologique spécialisé est nécessaire. À défaut, des journées de formation continue sont proposées par les organismes agrobiologiques et sont mêmes obligatoires pour bénéficier des aides à la reconversion.

L'éco-construction

Les divers artisans qui pratiquent l'éco-construction (maçon, charpentier, plombier, etc.) mettent en œuvre les plans de l'architecte en respectant toutes les contraintes d'une construction économe et durable : implantation précise du bâtiment sur le terrain, ce qui permet de minimiser l'impact de la construction sur l'environnement et d'économiser l'énergie par le captage passif de l'énergie solaire, utilisation de matériaux locaux, à l'empreinte écologique plus faible, etc. La formation passe par un CAP, suivi d'un brevet professionnel.

Adresses utiles

MUSÉES

Cap Sciences
Hangar 20 - Quai de Bacalan
33300 Bordeaux
Tél. : 05 56 01 07 07
consomattitudes.cap-sciences.net
Une exposition propose aux enfants de réfléchir à la consommation, et aux influences diverses qui impactent nos choix d'acheteur : plaisir, lien entre le temps libre et la consommation, influences sociales. On leur propose ensuite de faire leurs courses dans un environnement familier de supermarché, en prêtant attention au prix des objets, mais aussi à leur provenance, à l'impact du transport, des emballages ou des déchets en fin de vie. Le but étant d'inciter les enfants à consommer de façon plus responsable. Cap Sciences propose aussi « Clim' Way », une exposition sur le réchauffement climatique, doublée d'un jeu sur le climat de la Terre.

Le Vaisseau
1 bis, rue Philippe Dollinger - BP 61037
67027 Strasbourg Cedex 1
Tél. : 03 88 44 65 65
www.levaisseau.com
Cet espace consacré aux sciences et techniques dispose d'une exposition permanente sur le jardin, espace qui permet la détente, ainsi que la découverte et l'observation de la nature. On y découvre prairies, friches, compost, mare, refuge pour les oiseaux, le tout garanti « sans pesticides ». Régulièrement, le Vaisseau organise des expositions temporaires sur l'environnement.

Cité des Sciences et de l'Industrie
Parc de la Villette
30, avenue Corentin-Cariou - 75019 Paris
Tél. : 01 40 05 70 00
www.cite-sciences.fr
Ce musée qui a pour but de rendre accessibles à tous les savoirs scientifiques, techniques et industriels ne pouvait pas ignorer les problèmes de l'écologie et du développement durable. Il a donc mis en place, dans le labo « juniors », des jeux destinés à faire comprendre aux enfants ces notions complexes. Citons le jeu « Ma maison, ma planète... et moi », destiné à rendre la maison plus écologique, la construction d'une éco-ville, la simulation de la montée des eaux de l'océan en fonction de la température moyenne de la Terre, l'animation sur l'effet de serre, etc.

H2O - Espace de sciences
Quai du Boisguilbert - Espace des marégraphes
76000 Rouen
Tél. : 02 35 52 95 29
www.la-crea.fr/hangar-h2o-accueil.html
Ce centre de découvertes est consacré aux sciences et à l'environnement et ses expositions traitent de développement durable. Ainsi, « Consomm'attitudes » invite à un voyage interactif et ludique dans l'univers de l'éco-consommation. « Petit pays de l'eau » fait découvrir comment préserver cette ressource vitale. Et le jeu « Clim' Way » permet de gérer virtuellement les performances environnementales du territoire de la Communauté d'agglomération de Rouen.

Palais de la Découverte
Avenue Franklin D. Roosevelt
75008 Paris
Tél. : 01 56 43 20 20
www.palais-decouverte.fr
Le Palais organise régulièrement des expositions centrées sur la nature et le développement durable, destinées au jeune public. Par exemple « Les survivants de l'extrême » permet de découvrir des écosystèmes extraordinaires où la vie a pu s'adapter malgré des conditions extrêmement défavorables. Le jeu « Energy Island » demande au joueur d'apprendre à combiner judicieusement les énergies de l'eau, du soleil, du vent, de la géothermie et de la biomasse pour garantir la durée et la stabilité de l'environnement d'une île symbolisant la Terre.

SITES INTERNET

Agence de l'environnement et de la maîtrise de l'énergie
www2.ademe.fr
Un site très complet dont l'espace « Eco-citoyens » dispose d'une série de rubriques concernant l'habitation, les achats, les loisirs, les déplacements, les vacances, etc.
Ces rubriques fournissent des informations permettant d'agir de façon plus responsable. Une panoplie de guides pratiques téléchargeables complète ces rubriques et fait un point agréable et précis sur tous ces sujets.

Fondation pour la nature et pour l'homme
www.fondation-nicolas-hulot.org
Créée en 1990 par Nicolas Hulot, cette fondation se propose d'agir au service du développement durable. On peut s'y informer sur l'érosion de la biodiversité, militer pour limiter l'augmentation de la température moyenne de la Terre à 2 °C, etc. On y rencontre même un « Coach carbone », outil permettant d'estimer les émissions de GES d'un foyer et d'élaborer un plan pour diminuer celles-ci.

Ma/Ta Terre
www.mtaterre.fr
Le site des « bonnes infos sur la planète » avec des rubriques Web TV, Web radio, des dossiers (une journée ou des vacances écolo, comment ça marche la géothermie, la biomasse, l'éolien, le solaire, ça bouge dans les collèges, etc.).
Des jeux agréables permettent de devenir éco-citoyen en construisant une éco-ville, en téléchargeant la BD *En route vers 2050* ou en visitant l'exposition Clim'city.

WWF (Fonds mondial pour la nature)
www.wwf.fr
L'organisation écologiste internationale WWF est célèbre pour son logo : une silhouette de panda géant. Sur son site, on peut s'informer, échanger et agir, comme par exemple participer à la campagne « Oui au bio dans ma cantine », trouver des séjours pour pratiquer un tourisme responsable (gîtes Panda) ou encore calculer son empreinte écologique.

WWF

Nos équipes ont vérifié le contenu des sites Internet mentionnés dans cet ouvrage au moment de sa réalisation et ne pourront être tenues pour responsables des changements de contenu intervenant après la parution du livre.

Glossaire

ADN : acide désoxyribonucléique, constituant l'essentiel des chromosomes et support de l'hérédité.

Agriculture biologique : agriculture pratiquée sans utiliser de pesticides ni d'engrais de synthèse.

Apartheid : doctrine consistant à faire vivre séparément les différentes races humaines en Afrique du Sud. L'apartheid a été abolie le 30 juin 1991.

Astéroïde : petit corps céleste.

Bactérie : micro-organisme formé d'une seule cellule sans noyau, et qui n'appartient ni au régne animal, ni au règne végétal.

Banque éthique : banque cherchant à concilier le profit et la solidarité.

Bidonville : agglomération de baraques sans hygiène où vit une population misérable, souvent en périphérie des grandes villes.

Cellulose : substance principale des parois des cellules et des fibres de tous les tissus végétaux.

Démocratie : régime politique dans lequel les citoyens, par l'intermédiaire de représentants élus, exercent le pouvoir.

Développement durable : développement veillant au respect de l'environnement par une utilisation raisonnée des ressources naturelles afin de les ménager à long terme.

Dictature : régime politique autoritaire établi par un individu ou un parti, qui jouit d'un pouvoir absolu.

Dorsale océanique : ligne faîtière d'une chaîne sous-marine située sur une zone de remontée du magma.

Écologie : science qui étudie les relations des êtres vivants avec leur environnement.

Écosystème : ensemble formé par le milieu et les organismes (animaux, végétaux et bactéries) qui y vivent.

Écotourisme : tourisme respectueux de la culture et de l'environnement des populations du pays visité.

Empreinte écologique : surface minimale nécessaire pour assurer sur le long terme la nourriture, l'énergie et l'absorption des déchets nécessaires à la vie d'un être vivant ou d'une population.

Endémique : qui a trait à une région tout à fait particulière, et est caractéristique de celle-ci.

Énergies fossiles : combustibles formés dans les roches par transformation de matériaux fossiles : charbon, pétrole, gaz, etc.

Énergies renouvelables : énergies provenant de sources naturelles qui ne s'épuisent pas : soleil, vent, marées.

Équinoxe : moment de l'année où la durée de jour est la même que celle de la nuit.

Extinction : disparition d'une ou plusieurs espèces. L'histoire de la Terre a connu cinq grandes extinctions.

FMI : Fonds monétaire international. Organisme chargé de conseiller les États en situation financière difficile et de leur accorder des prêts.

Gène : élément présent sur les chromosomes, qui est porteur des caractères héréditaires.

GES : gaz à effet de serre, comme le méthane, le dioxyde de carbone ou la vapeur d'eau.

Hormone : substance chimique généralement émise par une glande et transportée par le sang pour agir sur d'autres tissus ou organes.

Humus : composant du sol provenant de la décomposition des matières animales et végétales.

Hydrocarbure : composé formé de carbone et d'hydrogène ; les pétroles sont des mélanges d'hydrocarbures.

Infrarouges : rayonnements invisibles émis par les objets chauds.

Invertébrés : animaux qui ne possèdent pas de colonne vertébrale.

Mégalopole : agglomération urbaine d'une taille très importante.

Méridien : cercle imaginaire situé à la surface de la Terre et qui passe par les pôles.

Météorite : fragment de corps céleste qui tombe sur la Terre.

Mousson : vent tropical régulier qui souffle six mois de la mer vers la terre et six mois de la terre vers la mer. La mousson souffle dans l'océan Indien, en Australie et sur la côte orientale de l'Asie.

OGM : organismes génétiquement modifiés, qu'il s'agisse de bactéries, d'animaux ou de végétaux.

OMC : Organisation mondiale du commerce, chargée de promouvoir le commerce international et d'en établir les règles.

ONG : organisations non gouvernementales, qui ont pour objectif la défense de l'intérêt public ou l'action humanitaire, comme la Croix-Rouge, Médecins sans frontières ou Greenpeace.

ONU : Organisation des Nations unies, dont le siège est à New York. Le Conseil de sécurité de l'ONU a pour mission de maintenir la paix mondiale.

Ozone (couche d') : couche de gaz protectrice située à 20 km d'altitude et qui protège la vie terrestre des rayons ultraviolets du Soleil.

Paludisme : maladie parasitaire propre aux régions chaudes et humides ; véhiculée par les moustiques, elle provoque des accès de fièvre parfois mortels.

PCB : les PCB ou polychlorobiphényles ont été fabriqués entre les années 1930 et 1980, et utilisés dans les transformateurs électriques et les appareils hydrauliques. Leur production a été interdite en 1985.

Pesticide : produit chimique employé contre les parasites animaux et végétaux des cultures.

Photosynthèse : les plantes vertes et certaines bactéries, grâce à l'action de la lumière, utilisent l'eau, les sels minéraux et le dioxyde de carbone pour se nourrir et se développer, tout en rejetant de l'oxygène.

Plantes transgéniques : plantes dont les gènes ont été modifiés.

Plateau continental : partie relativement plate et surélevée des fonds marins, située en bordure des côtes.

Séisme : ensemble des secousses et des déformations brutales de l'écorce terrestre qui constituent un tremblement de terre.

Sérac : bloc de glace qui se forme lorsqu'un glacier change brutalement de pente.

Sida : syndrome d'immunodéficience acquise. Très grave maladie transmise par voie sexuelle ou sanguine, et caractérisée par une chute brutale des défenses immunitaires.

Solstice : moment de l'année où la durée de jour et celle de la nuit sont les plus différentes.

Subsaharienne (Afrique) : ensemble des pays situés au sud du Sahara et comprenant la Mauritanie, le Mali, le Niger, etc.

Symbiose : association entre deux êtres vivants également favorable à chacun des deux associés.

Télescope (ou lunette astronomique) : Instrument d'optique destiné à l'observation des objets éloignés.

Tsunami : vague géante engendrée par un séisme ou une éruption volcanique.

Ultraviolets : le spectre de la lumière solaire visible va du rouge au violet. L'ultraviolet est le rayonnement invisible à l'œil nu et situé au-delà du violet.

UNICEF : Fonds des Nations unies pour l'enfance, dont le rôle est d'améliorer la situation des enfants partout dans le monde.

Upwelling : remontée des eaux profondes de l'océan vers la surface, le long de certaines côtes.

Vertébrés : organismes possédant une colonne vertébrale.

Les grandes périodes de l'histoire de la Terre

Période	Début	Événements
Cambrien	– 550 Ma	Apparition de nombreux animaux marins aux formes très variées.
Ordovicien	– 505 Ma	Premiers poissons sans mâchoires (agnathes). Extinction massive à la fin de cette période.
Silurien	– 438 Ma	Premiers poissons osseux. Les plantes et les animaux envahissent la terre.
Dévonien	– 408 Ma	Premiers insectes et amphibiens. Extinction massive à la fin de cette période.
Carbonifère	– 360 Ma	Forêts étendues et premiers reptiles.
Permien	– 286 Ma	Les continents se rapprochent pour former la Pangée. Les reptiles se diversifient et les amphibiens sont moins nombreux. Extinction massive à la fin de cette période.
Trias	– 245 Ma	Premiers dinosaures et premiers mammifères. Extinction massive à la fin de cette période.
Jurassique	– 208 Ma	Dinosaures divers et premiers oiseaux.
Crétacé	– 144 Ma	Rayonnement des dinosaures. Diversification des plantes à fleurs et des mammifères. Extinction massive à la fin de cette période.
Tertiaire	– 65 Ma	Rayonnement des oiseaux, des mammifères, des plantes à fleurs et des insectes pollinisateurs.
Quaternaire	– 2 Ma	Glaciations successives. Apparition de l'espèce humaine et disparition des grands mammifères.

Index

A

B

C

D

E

F

G

H

I

J

K

L

M

N

O

P

Crédit des photographies et des illustrations

Couverture

Illustrations et photographies sont numérotées de haut en bas.
Illustrations de Jean-François Saada (pour le globe de la p. 1), Christine Ponchon (pour les enfants), Gérard Macario (1.4), Laurence Bar (4g.7), Corine Delétraz (1.2, 4g.5), Vincent Jagerschmidt (4g.2, 4g.8), Pascal Robin (1.1, 1.3), Nathalie Locoste (4g.4), Georges Rivière (4g.1, 4g.3, 4g.9).
Photographies d'Henry Diltz/Corbis (1.5, 4g.6), Thierry Montford/Biosphoto (4d.1), David Allemand & Christophe Sidamon-Pesson/Biosphoto (4d.2), Corbis (4d.3).

Photographies

AFP
p. 52 : Toshifumi Kitamura ; p. 122 : Sébastien Désarmaux/Godong/Photononstop (b) ; p. 144 : Seylou ; p. 145 : Fethi Belaid ; p. 221 : Lionel Bonaventure.

Biosphoto
p. 8-9 : Rafael Rojas ; p. 19 : Christophe Véchot ; p. 24 : Michel Gunther (b) ; p. 25 : Walter Myers/Science Photo Library (h) ; p. 26 : Serge Tollari ; p. 27 : Dietmar Nill (b) ; p. 28 : Michel Gunther/Mau ; p. 30-31 : Detlev van Ravenswaay/Science Photo Library ; p. 34 : Laurent Laveder ; p. 35 : David Allemand & Christophe Sidamon-Pesson ; p. 36 : Martin Bond/Still Pictures (hd), Ton Kœne/Lineair (bg) ; p. 37 : Fabrice Beauchêne ; p. 38 : Thierry Montford ; p. 50 : Juan-Carlos Munoz ; p. 56-57 : Patricia Danna ; p. 66-67 : Reinhard Dirscherl ; p. 68 : Antoine Boureau ; p. 69 : Lionel Astruc (h), Roger Le Guen (b) ; p. 70 : Suzi Eszterhas (mg) ; Michel & Christine Denis-Huot (md) ; p. 71 : Sylvain Cordier (mg), Luis Casiano (md) ; p. 72 : Michel & Christine Denis-Huot (h et b) ; p. 78-79 : Mohammad Amin/Majority World ; p. 80 : Philippe Rocher ; p. 81 : Peter Arnold/Lotscher Chlaus (h) ; Juan Manuel Borrero (Titicaca) ; p. 82 : Philippe Racamier (h), Frans Lemmens/Lineair (b) ; p. 83 : Philippe Giraud (h), Claudius Thiret (b) ; p. 84 : Christophe Courteau ; p. 85 : Frédéric Leonardi ; p. 86 : Cyril Ruoso (b) ; p. 87 : Mark Edwards/Still Pictures ; p. 88 : Dominique Delfino ; p. 89 : Biosphoto/Europhoto (h), Heldur Netocny/Lineair (bg) ; p.95 : Michel Gunther (b) ; p. 96-97 : Alex-S MacLean/Peter Arnold ; p. 99 : Claude Thouvenin ; p. 100-101 : Mark Edwards/Still Pictures ; p. 100 : Jeffrey Rotman (b) : p. 123 : Jean-Luc & Françoise Ziegler (b) ; p. 133 : Sean Sprague/Still Pictures (h) ; p. 134 : Gary Gaugler/Science Photo Library ; p. 138-139 : Patrick Hochner ; p. 139 : Dominique Halleux ; p. 143 : Ricardo Beliel / Lineair (b) ; p. 150 : Science muséum/SSPL ; p. 150-151 : Muriel Duhau ; p. 152 : Kevin Schafer/Photoshot ; p. 154 : Evelyne Boyard (b) ; p. 154-155 : Jochem Wijnands/Lineair ; p. 162 : J.-L. Klein & M.L. Hubert (b) ; p. 168-169 : Rolf Nussbaumer/Imagebroker ; p. 171 : Philippe Giraud (h), Truchet/Unep/Still Pictures (b) ; p. 172 : Erwan Balança ; p. 173 : Conor Caffrey (h) ; p. 174 : Jean-Luc Kokel ; p. 175 : Kjell-Arne Larsson ; p. 176-177 : Antoine Boureau ; p. 177 : Hartmut Schwartzbach/Argus (b) ; p. 179 : Michel Gunther (h), Alain Copmost (bd) ; p. 182 : Alexandre Petzold ; p. 186 : Library of Congress/Science Photo Library ; p. 189 : J.-L. Klein & M.-L. Hubert ; p. 192 : Mark Edwards/Still Pictures (h), Gilles Le Scanff & Joëlle-Caroline Mayer (b) ; p. 194-195 : J.-L. Klein & M.-L. Hubert ; p. 198 : Krebs/Unep/Still Pictures (g) ; p. 199 : Thomas Raupach/Argus (h) ; p. 200 : Mark Edwards/Still Pictures ; p. 200-201 : Michel Gunther ; p. 202 : Denis Bringard (bd) ; p. 203 : Frédéric Didillon ; p. 208 : Frédérique Bidault ; p. 209 : Michel Gunther (bg) ; p. 217 : Pierre-Armand Dussex (h), Victor de Schwanberg/Science Photolibrary (b) ; p. 218-219 : De/Unep/Still Pictures ; p. 220-221 : Denis Bringard ; p. 222 : Anne Lore Mesnage ; p. 224 : Antoine Boureau ; p. 231 : Dominique Delfino ; p. 242 : Martin Bond/Still Pictures.

Colibri
p. 29 : A.-M. Loubsens ; p. 45 : B.P. Ricard (h), A.M. Loubsens (b) ; p. 60 : A.-M. Loubsens ; p. 73 : R. J. L. Ziegler ; p. 74 : J. L. Ermel ; p. 77 : A.-M. Loubsens (h) ; p. 85 : C. Ratier (Massaï) ; p. 108 : R. J. L. Ziegler (b) ; p. 109 : L. Chaix (h), C. Guihard (b), p.111 : D. Bonneau (train) ; p. 163 : J. Barbery (hd), G. Bonnafons (md) ; p. 202 : (hg).

Corbis
p. 27 (h) ; p. 48-49 ; p. 53 ; p. 75 ; p. 76 ; p 77 (m) ; p. 86 (h) ; p. 93 (b) : p. 97 ; p. 98 ; p. 104 (b) ; p. 106 ; p. 107 ; p. 108 (h) ; p. 111 (train Inde) ; p. 112 ; p. 113 ; p. 116 : p. 117 ; p. 122 (h) ; p. 123 : Alain Denize/Kipa (h) ; p. 126 (b) ; p. 127 Dai Kurokawa/epa ; p. 128 (h et b) ; p. 129 (hd et bg) ; p. 131 ; p. 132 (h) ; p. 136 (hg et bd) ; p. 137 ; p. 140 (hg et bd) ; p. 141 ; p. 142 (h et b) ; p. 143 (h) ; p. 159 ; p. 162 (h) ; p. 163 (mg et bg) ; p. 180 ; p. 181 (h et b) ; p. 183 (bd) ; p. 184 (h et b) ; p. 185 ; p. 187 : Henry Diltz (h) ; p. 199 (bg) ; p. 209 (hd) ; p. 210 ; p. 211 ; p. 212 ; p. 214 : p. 215 ; p. 216 (hg et bd) ; p. 225 ; p. 226-227 ; p. 227 ; p. 228 ; p. 229 (h et b) ; p. 233 (h et b) ; p. 237 ; p. 238 (h et b), p. 239 (h).

Eurélios
p. 12 (h et b) ; p. 173 (b).

Galaxy
p. 18 (b) ; p. 114 ; p. 115 ; p. 198 (d).

Leemage
p. 160 ; p. 161 ; p. 164.

Dominique Chauvet/Milan
p. 54 ; p. 206 ; p. 223 (h et b).

Nasa
p. 32 ; p. 47 ; p. 55.

Photo 12
p. 40 ; p. 46-47 (b) ; p. 65 ; p. 158 ; p. 164-165 ; p. 167.

Photolibrary
p. 4-5, p. 240 : Jon Feingersh ; p. 90-91 : Helmut Meyer ; p. 92 : Barry Winiker ; p. 93 : Horst Sollinger (h) ; p. 94 : Nico Tondini (h) ; p. 95 : Michaela Begsteiger (h) ; p. 103 : Martin Spiepmann ; p. 105 : Tom Till ; p. 110-111 : Hans Blossey ; p.118-119 : Ron Giling ; p. 120 : Visions LLC ; p. 121 : Sean Sprague (h), Ron Gilingy (b) ; p. 124 : Sean Sprague ; p. 125 : Heiner Heine ; p. 126 : Achim Pohl (h) ; p. 130 : Jorgen Schytte ; p. 131 : Sean Sprague (h) ; p. 135 : Jorgen Schytte ; p. 146-147 : Robert Mc Gouey ; p. 153 : Martin Moxter ; p. 156 : E&E Image Library ; p. 166 : Michael Keller ; p. 178 : Louise Heusinkveld (g), Glen Christian (b) ; p. 179 : Mark Edwards (bg) ; p. 187 : Minbuza (bg) ; p. 190-191 : Ed Lallo ; p. 193 : Raf Makda ; p. 207 : Siepmann ; p. 230 : Cash ; p. 232 : Chris Seba ; p. 234 : Shezad Noorani ; p. 235 : Charlotte Thege (h), William Campbell (b) ; p. 236 : Anders Gunnartz ; p. 243 : Gary Conner.

Reuter
p. 138 ; p. 239 (b).

À lire aussi chez Milan

- *Champions du monde de l'écologie* de S. Frattini et S . Ledu, coll. « Champions du monde »
- *Copain de la nature* de C. Bouchardy, coll. « Copain »
- *La Nature et la Pollution* de B. Labbé et M. Puech, coll. « Goûters philo »
- *Les Espèces menacées* d'E. Grundmann et *La Consommation* d'I. Nicolazzi, coll. « Agir pour ma planète »
- *Les Déchets* de J.-F. Noblet, *L'Eau* de M. Mira-Pons, *La Biodiversité* de J.-B. de Panafieu, *L'Énergie* d'I. Ramade-Masson, *J'aime ma planète* de J.F. Noblet et C. Levesque et *L'Air et sa pollution* de C. Toutain, coll. « Wapiti mission nature »
- *Mon atlas écolo* d'I. Nicolazzi
- *Pensez écolo* de Sally, coll. « C ton monde »
- *2065, la ville engloutie*, *2065, les pilleurs d'eau*, *2065, l'empreinte des rêves*, de J.-M. Payet, coll. « 2065 »

Illustrations

Les copains et les activités sont illustrés par **Christine Ponchon**.

Laurence Bar : p. 18 (h) ; p. 122 ; p. 135 (moustique) ; p. 182-183 ; p. 213.

Bernard Delanghe : p. 20 (h).

Benoît Charles : p. 149.

Corine Delétraz : p. 10-11 ; p. 14-15 ; p. 60.

Anne Eydoux : p. 21 (h) ; p. 22 ; p. 38 ; p. 39 ; p. 41 (h et b) ; p. 42-43 ; p. 51 (animaux) ; p. 148 (b) ; p. 151 ; p. 158 ; p. 159 ; p. 166.

Noël Gouilloux : p. 44 (h et b) ; p. 74 (lynx) ; p. 75 (lièvre) ; p. 201 (schéma).

Gilbert Houbre : p. 23.

Vincent Jagerschmidt : p. 34 ; p. 46 ; p. 52 ; p. 102 (fission + schéma).

Nathalie Locoste : p. 25 ; p. 215 ; p. 224.

Gérard Macario : p. 156.

Régis Mac : p. 165 (avion).

Jean-Claude Pertuzé : p. 148 (hd).

Georges Rivière : p. 13 ; p. 19 ; p. 21 (b) ; p. 24 ; p. 28-29 ; p. 35 ; p. 48 ; p. 54 ; p. 61 (h) ; p. 64 (carte) ; p. 74 (carte) ; p. 96 (carte) ; p. 98 (carte) ; p. 106 (carte) ; p. 113 (carte) ; p. 115(carte) ; p. 124 (carte) ; p. 135 (carte) ; p. 139 ; p. 157 (carte) ; p. 170 (schéma) ; p. 225 ; p. 228 (schéma).

Pascal Robin : p. 16-17 ; p. 20 (b) ; p. 45 ; p. 51 (planètes) ; p. 53 ; p. 58 (h et b) ; p. 59 (h) ; p. 61 (m et b) ; p. 62-63, p. 64-65 (b) ; p. 67.

Christian Verdun : p. 165 (bateau à vapeur) ; p. 196-197 ; p. 204-205.